O livro de receitas oficial da **Netflix**

70 receitas de suas séries e filmes favoritos

ANNA PAINTER

FOTOS **BERYL STRIEWSKI**

TRADUÇÃO
LUÍS HENRIQUE FONSECA

Sumário

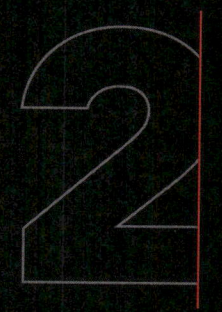

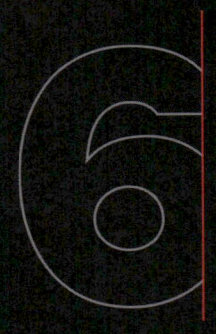
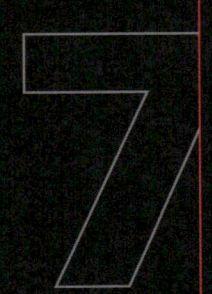

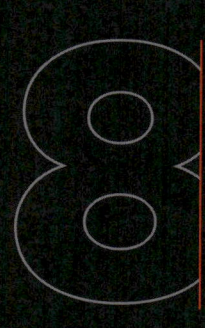

8

MARATONA COM OS AMIGOS: Bridgerton

9

Doces inspirações

Prefácio

Amo livros de gastronomia. Eu os leio de cabo a rabo como romances, me deleitando com o desenvolvimento dos temas e aceitando os desafios propostos nas páginas brilhantes. Então, eu me imagino servindo todas as receitas preparadas na minha cozinha impecável sob os aplausos de meus amigos e familiares queridos. (Bem, uma garota pode sonhar, não pode?)

Cozinhar para pessoas queridas é o maior ato de afeto que há, o ápice do conforto, a melhor coisa possível para reunir pessoas, não acham? Sei que apreciar uma refeição caseira é algo que realmente une minha família. Nossas noites prediletas de fim de semana nos levam direto da cozinha para o sofá, para nos aconchegarmos antes de assistir ao que há de mais recente e incrível (ou mesmo favoritos mais antigos) na Netflix.

Tive muita sorte por poder desenvolver e realizar o *Dia do sim* com a Netflix e adorei o processo. Produzir um filme para famílias foi como preparar uma refeição para a minha, combinando os ingredientes perfeitos: pegue um livro querido de Amy Krouse Rosenthal (além de uma das tradições favoritas de um dos meus filhos), junte o glamour (Jenna Ortega e Edgar Ramirez, *oh là là*), misture com um roteiro empolgante (alguém aí disse "Kablowey"?) e você oficialmente obterá algo divertido. Ficamos mais do que felizes em ver *Dia do sim* trazendo aconchego e união a famílias de todo o mundo, sobretudo durante o período da pandemia, quando havia tão pouca diversão.

Para mim, *O livro de receitas oficial da Netflix* faz muito sentido. Todo mundo normalmente já pensa em encerrar o dia curtindo algo na Netflix, então cozinhar dentro desse tema só melhora ainda mais a experiência! Assim como a Netflix, este livro é global, com pratos como o coq au vin do Gabriel de *Emily em Paris* e os Haengbok Noodles de *Uma advogada extraordinária*. Além disso, há algumas receitas engraçadas, como o "Chá digno de uma dama", inspirado em *Bridgerton*, e "Isso é um hambúrguer?". Também foram incluídas ideias para maratonas festivas de séries como *Stranger Things* e *Round 6*. Com 70 receitas, este livro é perfeito para muitas coisas, mas acima de tudo para fortalecer a conexão com as pessoas que amamos.

Embora eu adore ler livros de receitas de cabo a rabo, nunca tinha pensado em assistir a um livro de receitas, que é exatamente o que vou fazer graças a este título. Meus filhos e eu daremos nossas impressões depois que tivermos preparado (e assistido!) tudo. Talvez possamos comemorar com o parfait explode-tripa do *Dia do sim*!

Divirta-se e *bon appétit*!

Com carinho,

Jen Garner xxx

Introdução

á mais de 25 anos, a Netflix vem ajudando as pessoas a encontrar sua próxima história favorita entre milhares de categorias, desde ação e aventura ou terror até comédias românticas e reality shows. A Netflix, com seu serviço de streaming em mais de 37 idiomas e distribuído em 190 países, sabe que grandes histórias podem vir de qualquer canto e serem apreciadas em todos os lugares. Independentemente do que você goste ou de onde você more, a Netflix certamente tem uma série, um documentário, um longa-metragem ou um jogo de celular ideal para você. Além disso, o sistema aparentemente perfeito de recomendações do serviço permite que você descubra sua próxima obsessão, podendo assistir ao que você mais ama na hora que quiser. Então o que será que poderia deixar essa experiência envolvente ainda melhor? Comida, é claro!

A Netflix fez uma parceria com Anna Painter para trazer a vocês deliciosas receitas inspiradas em alguns de seus programas e filmes favoritos. *O livro de receitas oficial da Netflix* serve aperitivos, pratos principais, sobremesas e coquetéis para a experiência definitiva de comer enquanto assiste. Quer fofocar durante um elegante chá da tarde inspirado em *Bridgerton*? Adoraria desafiar seus amigos e perguntar "*Isso é um bolo?*". Quer organizar uma versão caseira de *Iron Chef*? Precisa de uma ideia de jantar romântico para uma maratona de *Emily em Paris*? Quer um coquetel devorador de mentes que relembre o horror do mundo invertido de *Stranger Things*? Com 70 receitas para todos os estados de espírito, há tudo isso e muito mais nestas páginas.

Assim como o serviço de streaming da Netflix, este livro de receitas traz comidas de todos os cantos do mundo e pratos que todos possam apreciar. Cada receita remete a um momento especial ou a um tema, seja de filmes como *Roma* e *A fera do mar*, seja de programas de competição como *The Final Table* e *Mandou bem!*, seja de séries emocionantes como *Round 6* e *Ozark*. Algumas receitas são mais difíceis que outras? Com certeza! Porém, sempre que possível, incluímos dicas e substituições para quando você estiver sem muito tempo. As receitas deste livro – perfeitas para festas, maratonas de fim de semana ou para quando bater aquela fome – certamente enriquecerão sua experiência ao assistir à programação da Netflix e podem até apresentar você a seu próximo programa favorito. Então vamos colocar as mãos na massa!

A linha do tempo da Netflix

1997 ●

1997: Reed Hastings e Marc Randolph têm a ideia de fornecer a locação de DVDs por correio

1998: A página Netflix.com é lançada, e o primeiro DVD enviado é *Os fantasmas se divertem*

1999: Tem início o plano de assinatura da Netflix

2000: É criado um sistema personalizado de recomendação de filmes

2003: O sistema de assinatura de aluguel de filmes ultrapassa 1 milhão de membros

2005: É lançado um recurso de perfis para usuários diferentes

2007: Tem início o serviço de streaming da Netflix

2010: É inaugurado o serviço de streaming em dispositivos portáteis

2012: A Netflix atinge 25 milhões de membros

2013: As primeiras produções originais são lançadas, incluindo *House of Cards*, que ganha um Emmy, algo inédito para um serviço de streaming na internet

2014: O serviço ultrapassa 50 milhões de membros

2016: A Netflix se expande por mais 130 países, levando o serviço para membros em 190 países e 21 idiomas

2017: Atinge 100 milhões de membros pelo mundo; vence o primeiro Oscar com *Os capacetes brancos*

2020: É criada a lista dos Top 10; a Netflix é o estúdio mais nomeado no Oscar e no Emmy

2021: Ultrapassa 200 milhões de membros

2022: Aniversário de 25 anos do lançamento; o evento "Netflix é uma piada: o festival" é organizado

2023: A Netflix transmite seu primeiro show ao vivo, *Chris Rock: Indignação seletiva*

"TUDUM": Aperitivos e entradas

Assim como toda boa história da Netflix começa com o icônico som "Tudum", toda boa refeição começa com um belo aperitivo, entrada ou coquetel.

"Glass onion" rings crocantes com molho de mel apimentado

Em *Glass Onion: Um mistério Knives Out*, um convite em forma de caixa quebra-cabeça leva o detetive Benoit Blanc a um grupo de amigos de um magnata da tecnologia em uma ilha particular na Grécia. Lá, um jogo de dedução e mistério se mostra fatal, levando Blanc a se virar com um molho de pimenta.

Embora preparar anéis de cebola não seja equivalente a resolver um assassinato, não deixa de ser uma tarefa delicada e empolgante. É claro que no final você não leva nenhum criminoso à cadeia, mas terá algo ainda mais prazeroso: belíssimos anéis de cebola dourados e crocantes regados com mel apimentado que brilha como vidro.

RENDIMENTO: 4 porções   **PRÉ-PREPARO:** 10 minutos   **COZIMENTO:** 40 minutos    **VEGETARIANO**

1 cebola grande

1 xícara de amido de milho, dividida em duas porções iguais

1 xícara de farinha de trigo

1 colher (chá) de fermento químico

¼ de colher (chá) de bicarbonato de sódio

1 colher (chá) de páprica defumada

Sal e pimenta-preta moída na hora

Óleo vegetal para fritar

¾ de xícara de cerveja gelada, preferencialmente de tipo lager ou pilsner*

¼ de xícara de água com gás gelada

½ xícara de mel

1 colher (chá) de molho de pimenta a gosto

1 limão-siciliano cortado em gomos

* Para fazer uma versão sem álcool, use ¾ de xícara de água com gás gelada no lugar da cerveja.

1 Preaqueça o forno a 95°C. Coloque uma grade de resfriamento em cima de uma assadeira rasa.

2 Descasque a cebola e corte uma fatia de um dos lados para criar uma superfície plana. Apoie a cebola nesse lado plano para estabilizar e então corte em fatias transversais de um pouco mais de 1 cm. Separe os anéis de cada fatia.

3 Coloque ½ xícara de amido de milho e uma pitada de sal dentro de um saco plástico grande com fecho hermético. Coloque o restante do amido em uma tigela grande e junte a farinha, o bicarbonato, o fermento e a páprica defumada. Tempere com sal e pimenta e misture bem com um batedor de arame.

4 Em uma panela grande de ferro ou cerâmica, aqueça 5 cm de óleo vegetal em fogo médio-alto até atingir a temperatura de 190°C.

5 Enquanto isso, use um batedor de arame para incorporar a cerveja e a água com gás na mistura de farinha. A massa deve ficar com a textura de uma massa de panqueca rala. (Se ficar muito grossa, coloque mais água com gás, uma colherada por vez.)

6 Quando o óleo atingir 190°C, coloque alguns anéis de cebola no saco com o amido de milho. Feche o saco e agite com cuidado para envolver a cebola no amido. Abra o saco, sacuda os anéis de cebola para retirar o excesso de amido e coloque-os na massa de cerveja. Levante os anéis da massa, um por vez, escorrendo o excesso de massa de volta na tigela. Então, com cuidado, coloque-os no óleo quente, evitando encher demais a panela.

7 Frite os anéis de cebola por 2 a 3 minutos, virando de tempos em tempos, até que a massa cresça e fique dourada. Coloque os anéis fritos sobre a grade de resfriamento, tempere generosamente com sal e leve ao forno para manter aquecido. Repita o procedimento com o restante dos anéis e da massa.

8 Misture o mel e o molho de pimenta em uma tigela refratária pequena. Leve ao micro-ondas e aqueça em potência alta, 15 segundos por vez, até que o mel esteja quente e bem líquido. Esprema os gomos de limão por cima dos anéis de cebola e regue com o mel apimentado quente.

Minipizzas à moda de Nova York

Em *Somebody Feed Phil*, o sorridente e curioso Phil Rosenthal está sempre em busca de algo delicioso. No episódio em Nova York, Phil vai a um famoso restaurante do Brooklyn chamado Di Fara Pizza, onde o proprietário, Dom DeMarco, prepara para ele uma de suas conhecidas pizzas, cortando manjericão fresco sobre ela pouco antes de servir.

Aqui vamos preparar uma versão em miniatura dessa icônica pizza de Nova York. Você pode se esforçar e fazer a massa e o molho do zero ou usar produtos prontos (veja na página 15), mas não abra mão do manjericão fresco por cima!

RENDIMENTO: 16 minipizzas
PRÉ-PREPARO: 15 minutos, mais o tempo de crescimento da massa
COZIMENTO: 1 hora

🌱 **VEGETARIANO**

"A comida é o grande conector e as risadas são o cimento."

—PHIL ROSENTHAL

MASSA

1 envelope de fermento biológico seco instantâneo

2 colheres (chá) de mel

2 colheres (sopa) de azeite, mais um pouco para pincelar e regar

1 colher (chá) de sal

2 xícaras de farinha de trigo

MOLHO

2 colheres (chá) de azeite

1 colher (sopa) de manteiga

1 dente de alho bem picado

1 lata (400 g) de tomates pelados inteiros

½ colher (chá) de orégano seco

½ colher (chá) de açúcar cristal

1 maço pequeno de manjericão fresco (cerca de 15 g), dividido em duas porções

Sal e pimenta-preta moída na hora

230 g de queijo muçarela integral, ralado grosseiramente

30 g de queijo parmesão ralado

Azeite para regar

Pimenta-calabresa em flocos (opcional)

1 **Para fazer a massa de pizza:** Em uma tigela média, coloque o mel, 2 colheres (sopa) de azeite e o sal, e use um batedor de arame para incorporar. Junte a farinha, meia xícara por vez, misturando com uma espátula de silicone até formar uma massa grudenta. Adicione o fermento e misture até incorporar.

2 Coloque a massa em uma tigela grande levemente untada com azeite, virando a massa para que fique besuntada por igual. Cubra a tigela com um pano limpo e deixe a massa descansar em temperatura ambiente por 1 a 2 horas, até dobrar de tamanho.

3 **Para fazer o molho:** Aqueça o azeite e a manteiga em fogo médio numa panela média. Quando a manteiga derreter, junte o alho e cozinhe por 1 minuto, até soltar os aromas. Despeje os tomates e seu líquido na panela, amassando-os com uma colher de pau para desmanchá-los. Coloque o orégano, o açúcar e um ramo de manjericão. Tempere com ¼ de colher (chá) de sal e um pouco de pimenta. Reduza para fogo baixo e cozinhe por cerca de 30 minutos, mexendo de tempos em tempos, até o molho engrossar e ficar saboroso. Tire do fogo e tempere a gosto com mais sal e pimenta.

4 **Para fazer as minipizzas:** Sove a massa da pizza algumas vezes em uma superfície levemente enfarinhada e depois molde em forma de bola. Divida a bola de massa em 4 partes iguais e depois divida cada parte em mais 4 pedaços. Molde cada pedaço em uma bolinha. Transfira as bolas de massa para uma superfície levemente enfarinhada, cubra com o mesmo pano limpo e deixe descansar por 15 minutos.

5 Preaqueça o forno a 230°C e posicione as grades no centro e no terço inferior. Forre duas assadeiras rasas com papel-manteiga.

6 Abra um pedaço de massa por vez com um rolo ou com as mãos até formar um disco de 5 cm de diâmetro. (Mantenha as outras bolas de massa cobertas.) Transfira o disco para as assadeiras preparadas e repita o processo com a massa restante.

7 Cubra cada disco com o molho, a muçarela e o parmesão. Regue as minipizzas com azeite e tempere com pimenta-calabresa se quiser.

8 Leve as minipizzas ao forno e asse por 15 a 20 minutos ou até que as bordas estejam douradas e o queijo derretido e borbulhante. Certifique-se de trocar as assadeiras de posição, da grade de cima para a de baixo, na metade do processo de cozimento.

9 Tire as pizzas do forno. Regue com mais um pouco de azeite e então use uma tesoura de cozinha para cortar o restante das folhas de manjericão por cima.

> **▶▶ Para acelerar**
>
> Está sem tempo de preparar uma massa de pizza caseira e cozinhar molho de tomate lentamente? Use uma massa de pizza pronta e 1 xícara do seu molho marinara preferido. Massa de pizza gelada é mais difícil de moldar, então deixe descansar em temperatura ambiente por pelo menos 30 minutos ou de preferência por 1 a 2 horas antes de começar a moldar.

A
FERA DO MAR

Camarão empanado com coco e dois molhos

Depois de uma batalha épica contra a terrível fera do mar, o caçador de monstros Jacob e Maisie, uma garota que se escondeu no barco, são quase engolidos pela criatura conhecida como Bravata Vermelha. Em vez de serem devorados, porém, são levados a uma ilha deserta, onde Jacob precisa encontrar alimento para os dois. Primeiro, eles se alimentam de cocos, mas depois a Vermelha os ajuda a caçar peixes pequenos usando uma técnica conhecida como "rede de bolhas".

Usando as tentativas culinárias de Jacob como inspiração, criamos um camarão empanado com coco que é bem fácil de fazer. É um prato que certamente vai agradar tanto os pequenos passageiros clandestinos quanto os lendários caçadores de monstros. Em homenagem à Vermelha, que no fim das contas era mais amiga que vilã, criamos dois molhos rápidos nos quais você pode mergulhar seus camarões: um molho de pimenta adocicado e de cor chamativa, e uma maionese picante. Os dois molhos podem ser preparados com antecedência e guardados na geladeira em recipientes herméticos por até 2 dias, mas os camarões devem ser fritos pouco antes de servir.

RENDIMENTO: 4 porções
PRÉ-PREPARO: 30 minutos
COZIMENTO: 15 minutos

MOLHO DE PIMENTA ADOCICADO

½ xícara de molho tailandês tipo sweet chili

3 colheres (sopa) de geleia de damasco ou de laranja

1 limão

MAIONESE PICANTE

1 dente de alho descascado e ralado fino

⅔ de xícara de maionese

2 a 3 colheres (chá) de molho de pimenta com alho

Sal e pimenta-preta moída na hora

CAMARÃO COM COCO

450 g de camarões grandes, descascados e limpos

Sal e pimenta-preta moída na hora

⅔ de xícara de farinha de trigo

2 ovos grandes

2 xícaras de coco ralado não adoçado

1 xícara de farinha de empanar tipo panko

Óleo vegetal para fritar

1 **Para fazer o molho de pimenta adocicado:** Misture o molho tailandês com a geleia em uma tigela pequena. Corte o limão ao meio, esprema uma das metades no molho e misture bem. Corte a outra metade em gomos e reserve para a hora de servir.

2 **Para fazer a maionese picante:** Coloque o alho, a maionese e o molho de pimenta com alho em uma tigela pequena. Misture bem e tempere a gosto com sal e pimenta.

3 **Para fazer o camarão com coco:** Seque os camarões com batidinhas de papel-toalha ou um pano limpo e então tempere-os com uma pitada de sal e pimenta. Coloque a farinha em um saco plástico grande e com fecho hermético e tempere com sal e pimenta. Quebre os ovos em uma tigela rasa média e bata até misturar bem. Forre um prato grande com papel-toalha para escorrer os camarões depois de fritos.

4 Coloque os camarões no saco com farinha, feche e agite até todos os camarões ficarem bem cobertos de farinha. Transfira-os para um prato, sacudindo cada um para tirar o excesso de farinha. Descarte a farinha do saco e então, no mesmo saco, coloque o coco, a farinha para empanar, uma pitada de sal e uma de pimenta. Agite o saco para misturar bem os ingredientes.

>>a receita continua na próxima página

ASSISTA
A FERA DO MAR

NETFLIX

>>Camarão empanado com coco e dois molhos (continuação)

5 Coloque metade dos camarões na tigela com o ovo batido e use um garfo ou colher vazada para levantar os camarões, deixando escorrer o excesso de ovo de volta na tigela. Transfira cada camarão coberto de ovo para dentro do saco com a mistura para empanar, feche o saco e agite para cobrir bem os camarões. (Os camarões não ficarão completamente cobertos da mistura de coco.) Coloque os camarões em um segundo prato e aí, com as mãos, pressione delicadamente para grudar melhor a cobertura. Repita o processo com o restante dos camarões.

6 Aqueça 5 cm de óleo vegetal em uma frigideira antiaderente grande em fogo médio-alto. Quando o óleo estiver quente e brilhante, mas antes de esfumaçar, coloque metade dos camarões na frigideira. Frite-os por 2 a 3 minutos de cada lado, virando uma vez durante o processo, até que a cobertura de coco esteja dourada e os camarões estejam cozidos. Transfira para o prato forrado com papel-toalha e tempere a gosto com sal. Repita com o restante dos camarões, colocando mais óleo na frigideira se necessário.

7 Esprema os gomos de limão por cima dos camarões fritos e sirva com os molhos.

COBRA KAI

Mini "Sloppy Johnnys"

Em *Cobra Kai*, enquanto prepara um clássico sanduíche Sloppy Joe para o jantar, Johnny Lawrence prova o recheio de carne que está na frigideira e murmura que o sabor não está "másculo" o suficiente. Então, ele acrescenta as sobras de um pacote de beef jerky (carne bovina cozida e desidratada). Pode até ser um ingrediente pouco comum nesse sanduíche clássico, mas talvez Johnny tenha tido uma boa ideia.

Nesta nossa versão, que é um combustível perfeito para uma maratona de *Cobra Kai*, fazemos sanduíches pequenos e finalizamos com um recheio de beef jerky que leva cebola, picles e chips crocantes de batata para dar aquele golpe especial de caratê.

RENDIMENTO: 12 sanduíches pequenos   **PRÉ-PREPARO:** 10 minutos   **COZIMENTO:** 30 minutos

1 cebola pequena

1 colher (sopa) de manteiga sem sal e mais um pouco para pincelar

450 g de carne moída

Sal e pimenta-preta moída na hora

1 pimentão verde sem sementes bem picado

2 dentes de alho bem picados

30 g de carne-seca tipo beef jerky bem picada (opcional)

1 xícara de ketchup

½ xícara de água

1 colher (sopa) de açúcar mascavo escuro

1 colher (sopa) de molho inglês

1 colher (sopa) de mostarda forte tipo Dijon ou escura

1 a 2 colheres (chá) de pimenta vermelha em pó, dependendo da sua preferência

Algumas gotas de molho de pimenta (opcional)

12 pães para mini-hambúrguer

Rodelas de picles de pepino ou pimentões em conserva picante para acompanhar

Chips de batata para acompanhar

1   Descasque a cebola e pique bem; reserve ¼ de xícara para o passo 5. Derreta 1 colher (sopa) da manteiga em uma frigideira grande em fogo médio-alto e acrescente a carne moída. Tempere com 1 colher (chá) de sal e um pouco de pimenta-preta. Cozinhe por cerca de 8 minutos, mexendo de vez em quando, até que a carne esteja dourada e totalmente cozida. Com cuidado, retire a gordura acumulada com uma colher.

2   Junte a cebola, o pimentão e o alho. Cozinhe por mais 3 minutos, mexendo de tempos em tempos, até que os vegetais estejam macios.

3   Acrescente o beef jerky, se quiser, e também o ketchup, ½ xícara de água, o açúcar mascavo, o molho inglês, a mostarda e a pimenta em pó. Espere ferver e reduza para fogo baixo. Cozinhe por cerca de 15 minutos, mexendo às vezes, até o molho reduzir um pouco e ficar espesso e saboroso. Tempere a mistura com sal e pimenta a gosto e, se quiser, com molho de pimenta.

4   Preaqueça o gratinador do forno. Distribua os pães com o lado cortado para cima sobre uma assadeira rasa. Pincele os lados cortados do pão com manteiga derretida. Doure por aproximadamente 2 minutos, até que os pães estejam quentes e levemente tostados. (Fique de olho, pois gratinadores podem variar.)

5   Distribua o recheio de carne por cima dos pães tostados e cubra com a cebola crua picada, o picles (ou pimentão em conserva) e um pouco de batata chips. Sirva com o restante das batatas.

INVENTANDO ANNA

Bolinhos de risoto de cogumelos

RISOTO DE COGUMELOS

½ xícara de cogumelos porcini secos

1 xícara de água fervente

230 g de cogumelos paris frescos sem talos

2 colheres (sopa) de azeite

1 chalota descascada e bem picada

Sal e pimenta-preta moída na hora

2 dentes de alho grandes bem picados

1 xícara de arroz arborio para risoto

½ xícara de vinho branco

2 xícaras de caldo de legumes

30 g de queijo parmesão ralado, porcionado de acordo com a receita

BOLINHOS DE RISOTO

1 maço pequeno de cebolinha francesa fresca (cerca de 7 g)

1 maço pequeno de salsinha fresca (cerca de 7 g)

2 ovos grandes

60 g de queijo fontina ralado grosseiramente

½ xícara de farinha de empanar tipo panko

Óleo vegetal para fritar

Sal

1 limão-siciliano cortado em gomos

No hotel 12 George, em Nova York, a equipe atende aos caprichos de seus hóspedes endinheirados, desde conseguir reservas exclusivas até colocar o nome deles em todas as listas VIP da cidade. Um dia, Anna Delvey entra no hotel, distribuindo gorjetas de 100 dólares, incluindo para a concierge, Neff. Elas se tornam amigas, e Anna convida Neff para o mundo cintilante que criou para si mesma, um mundo em que ela é uma golpista ou uma empreendedora audaciosa, dependendo do ponto de vista.

Para se fortalecer antes de maratonar a série *Inventando Anna*, você precisa de uma bebida borbulhante e uma bandeja de petiscos elegantes como os que são servidos no bar do 12 George. Nossa sugestão são estes deliciosos bolinhos de risoto. O risoto pode ser preparado com antecedência e os bolinhos podem ser dourados na frigideira pouco antes de você começar a assistir ao próximo episódio.

RENDIMENTO: 24 unidades
PRÉ-PREPARO: 35 minutos, mais o tempo de demolha
COZIMENTO: 1 hora e 15 minutos

🌱 VEGETARIANO

1 **Para preparar o risoto de cogumelos:** Coloque os cogumelos secos em uma tigela refratária média. Despeje a água fervente sobre eles e deixe descansar em temperatura ambiente por 30 minutos, até que os cogumelos fiquem macios. Escorra e reserve o líquido da demolha, depois pique bem os cogumelos.

2 Preaqueça o forno a 220°C com uma grade na posição central. Corte os chapéus de cogumelos paris frescos em fatias finas.

3 Aqueça o azeite em uma panela de ferro média em fogo médio--alto. Coloque a chalota na panela e tempere com uma pitada de sal e uma de pimenta. Refogue por 2 a 3 minutos, até que a chalota esteja macia. Junte o alho, os cogumelos fatiados e os cogumelos secos demolhados. Cozinhe por 3 a 4 minutos, mexendo de tempos em tempos, até que os cogumelos estejam macios.

4 Coloque o arroz na panela e mexa sem parar por 1 a 2 minutos, até tostar o arroz. Junte o vinho e cozinhe, ainda sem parar de mexer, por cerca de 30 segundos, até que o líquido seja absorvido. Junte o líquido da demolha dos cogumelos, o caldo de legumes, ½ colher (chá) de sal e leve à fervura em fogo alto.

ASSISTA
INVENTANDO ANNA

NETFLIX

5 Tire a panela do fogo, tampe e leve ao forno. Asse por cerca de 20 minutos, até que o líquido seja absorvido e o arroz esteja macio.

6 Enquanto o risoto está no forno, rale o parmesão em tiras finas. Reserve ¼ de xícara de queijo para finalizar os bolinhos de risoto e então junte o restante do parmesão ao risoto cozido.

7 Tempere o risoto com sal e pimenta a gosto. Leve à geladeira até esfriar completamente, por pelo menos 2 horas, mas de preferência de um dia para o outro.

8 **Para fazer os bolinhos de risoto:** Preaqueça o forno a 95°C. Pique bem a cebolinha e a salsinha, tanto as folhas quanto os talos. Reserve 1 colher (sopa) de cada erva para finalizar depois.

9 Bata os ovos levemente em uma tigela média. Junte 3 xícaras de risoto, o queijo fontina, a salsinha e a cebolinha picadas e a farinha de empanar. Misture bem.

10 Enrole uma porção de 2 colheres (sopa) de risoto, formando uma bolinha, e depois achate com cuidado, como se fosse um mini--hambúrguer. Repita o processo com o restante do risoto. (Deve render 24 bolinhos.)

11 Coloque uma grade de resfriamento em uma assadeira rasa. Aqueça 3 colheres (sopa) de óleo vegetal em uma frigideira grande antiaderente em fogo médio-alto até que o óleo esteja quente e brilhoso. Disponha alguns bolinhos na frigideira, sem amontoar. Frite por 3 a 4 minutos de cada lado, até que fiquem dourados. Transfira os bolinhos para a grade de resfriamento e tempere com sal. Mantenha os bolinhos aquecidos no forno. Repita o processo com os outros bolinhos, colocando mais óleo se necessário.

12 Transfira os bolinhos de risoto para a travessa onde serão servidos. Esprema um gomo de limão por cima dos bolinhos e finalize com o parmesão e as ervas picadas. Sirva acompanhado dos outros gomos de limão.

"Vocês são TÃO básicas."

SCHOOL – OF – CHOCOLATE

Trufas de café

Em *School of Chocolate*, o famoso confeiteiro Amaury Guichon orienta e incentiva oito estudantes de confeitaria durante uma série de desafios criados para aperfeiçoar suas habilidades e então determina quem é o melhor do grupo.

Embora a obra-prima final do competidor Juan Gutierrez tenha sido um dinossauro mágico surgindo de uma selva pré-histórica, a inspiração para estas trufas de café vem da sobremesa vitoriosa de Gutierrez no sétimo episódio, "Me dê açúcar", quando ele criou uma sobremesa impressionante com café que comemora os sabores do *café con leche*.

Nas nossas trufas, aromatizamos o creme de leite com grãos de café inteiros antes de despejar o líquido aromático por cima do chocolate meio amargo. (Talvez o chef Guichon dê pontos bônus se você usar grãos de café da Colômbia, o país de origem de Gutierrez.) Em *School of Chocolate*, as trufas podem ser mergulhadas em chocolate temperado ou em glaçagem marmorizada. Aqui enrolamos nossas trufas em cacau em pó sem açúcar, que é uma finalização deliciosa e sem complicações.

RENDIMENTO: Cerca de 20 trufas
PRÉ-PREPARO: 10 minutos
COZIMENTO: 1 hora e 40 minutos, mais 1 hora e 10 minutos para gelar

 VEGETARIANO

¾ de xícara de creme de leite fresco com alto teor de gordura

¼ de xícara de grãos de café inteiros de torra escura

1 fava de baunilha cortada no sentido do comprimento ou 1 pau de canela (opcional)

350 g de chocolate meio amargo bem picado

2 colheres (chá) de licor de café (opcional)

⅔ de xícara de cacau em pó sem açúcar e mais um pouco para polvilhar

1 Misture o creme de leite com os grãos de café em uma panela média e coloque a fava de baunilha ou o pau de canela, se for usar. Leve ao fogo médio e cozinhe em fervura branda por cerca de 5 minutos. Retire a mistura do fogo e deixe em infusão por 30 minutos. Enquanto isso, coloque o chocolate em uma tigela refratária média.

2 Leve a mistura de creme à fervura em fogo médio-alto e mantenha, sem ferver demais, por cerca de 3 minutos. Coe o creme quente com uma peneira fina, despejando-o dentro da tigela que contém o chocolate picado. Descarte os grãos de café e a fava de baunilha ou pau de canela. Acrescente o licor de café, se quiser, na mesma tigela. Deixe descansar por 10 minutos e em seguida bata com um batedor de arame até a mistura ficar homogênea.

3 Leve a tigela à geladeira por cerca de 50 minutos, mexendo a cada 10 minutos, até que a mistura esteja espessa o bastante para tirar colheradas, mas ainda macia.

4 Forre uma assadeira rasa com papel-manteiga ou papel-alumínio. Use uma colher para pegar a mistura da trufa e formar bolinhas, transferindo-as para a assadeira preparada. Deixe a assadeira na geladeira por 10 a 15 minutos, até que as trufas firmem um pouco, mas ainda estejam um pouco grudentas por fora.

5 Coloque o cacau em pó em uma tigela rasa. Tire as trufas da geladeira. Polvilhe as mãos com um pouco de cacau em pó. Trabalhando com poucas trufas por vez, enrole-as no cacau até cobri-las bem e devolva para a mesma assadeira.

6 Refrigere as trufas novamente por 5 minutos antes de servir. As trufas prontas podem ser armazenadas dentro de um recipiente hermético em ambiente fresco por 5 dias. (O clima está quente? Guarde as trufas em um recipiente hermético na geladeira.)

OUTER BANKS

Bolinhos de caranguejo do The Wreck

No drama adolescente *Outer Banks*, os pais de Kiara são donos de um restaurante chamado The Wreck, que atende os moradores da elite da ilha e aonde Kiara costuma levar seus melhores amigos Pogues para comer o que sobra no final da noite. Na vida real, o cardápio dos restaurantes da região de Outer Banks, na Carolina do Norte, costuma ter muitos frutos do mar. Estes bolinhos de caranguejo, portanto, são o petisco perfeito para acompanhar as aventuras de JJ, John B, Rafe, Pope, Cleo e os outros enquanto buscam ouro perdido e tesouros enterrados.

O caranguejo é a verdadeira estrela desta receita, então certifique-se de usar carne de caranguejo da melhor qualidade, vendida em pedaços maiores. Um molho aioli com bastante alho é perfeito para acompanhar, mas você pode usar molho tártaro ou seu ketchup favorito se preferir.

RENDIMENTO: 4 porções
PRÉ-PREPARO: 20 minutos
COZIMENTO: 30 minutos

1 maço pequeno de cebolinha francesa fresca (cerca de 7 g)

1 maço pequeno de salsinha fresca (cerca de 7 g)

1 talo de aipo

1 limão-siciliano

450 g de carne de caranguejo em pedaços grandes

1¼ xícara de maionese dividida conforme a receita

1 dente de alho

Sal e pimenta-preta moída na hora

1 colher (chá) de mostarda de Dijon

½ colher (chá) de molho inglês

Algumas gotas generosas de molho de pimenta

2 xícaras de farinha de empanar tipo panko, separadas

Óleo vegetal para fritar

ASSISTA
OUTER BANKS

1 Pique bem a cebolinha e a salsinha, tanto folhas quanto talos, e o aipo. Raspe a casca do limão até obter ½ colher (chá) e corte o limão em gomos. Coloque a carne de caranguejo em uma tigela média e remova quaisquer pedaços de casca ou cartilagem. Mantenha a carne gelada até a hora de usar.

2 Misture ¾ de xícara da maionese com o suco de 1 gomo de limão em uma tigela pequena. Descasque e pique bem o alho e misture na maionese. Tempere o aioli com sal e pimenta a gosto e deixe na geladeira até a hora de servir.

3 Em uma tigela média, coloque a salsinha e o aipo picados, as raspas de limão, a mostarda, o molho inglês, o molho de pimenta, a ½ xícara de maionese restante e metade da cebolinha picada. Misture bem e tempere a gosto com sal e pimenta. Incorpore a carne de caranguejo e ¾ de xícara da farinha de empanar, tomando cuidado para não desmanchar muito os pedaços de carne. Coloque a 1¼ xícara restantes da farinha de empanar em uma tigela rasa média.

4 Use um medidor de ¼ de xícara para pegar a massa e formar bolinhos. Passe-os na farinha de empanar, apertando de leve com as mãos para ajudar o empanado a grudar. Faça isso até acabar a massa. Transfira os bolinhos empanados para uma travessa grande ou uma assadeira. Forre outra travessa grande com papel-toalha.

5 Aqueça 2 colheres (sopa) de óleo vegetal em uma frigideira antiaderente grande em fogo médio-alto até que o óleo esteja quente e brilhante. Coloque poucos bolinhos por vez na frigideira e frite por 2 a 3 minutos de cada lado, virando uma vez, até que estejam dourados dos dois lados. Transfira os bolinhos cozidos para a travessa forrada com papel-toalha e tempere a gosto com sal. Repita com o restante da mistura de caranguejo, colocando mais óleo na frigideira se necessário.

6 Para servir, coloque os bolinhos fritos em uma travessa. Salpique com o restante da cebolinha, polvilhe sal e sirva com gomos de limão-siciliano e molho aioli.

QUEER EYE

Copinhos de guacamole

A internet se revoltou quando Antoni Porowski, o especialista culinário de *Queer Eye*, colocou uma boa colherada de coalhada no seu guacamole caseiro. Bem, pode ter sido uma escolha pouco convencional, mas achamos que a ideia de Antoni de misturar a coalhada cremosa e azedinha com o guacamole é uma variação interessantíssima.

Neste aperitivo perfeito para assistir à TV, preparamos um creme de coalhada com alho para colocar na base de seus copinhos de guacamole. O creme é coberto com um guacamole clássico, tomate e rabanete picados e uma pitada de coentro e sementes de abóbora.

RENDIMENTO: 30 unidades **PRÉ-PREPARO:** 30 minutos **COZIMENTO:** 15 minutos  **VEGETARIANO**

CREME DE COALHADA

2 limões

1 dente de alho pequeno bem picado

¼ de xícara de coalhada seca simples

Uma pitada de pimenta chipotle ou vermelha em pó

1 colher (chá) de azeite

1 colher (chá) de água

Sal e pimenta-preta moída na hora

GUACAMOLE

1 cebola branca pequena

1 maço pequeno de coentro fresco (cerca de 15 g)

2 avocados

1 pimenta jalapeño, cortada ao meio, sem sementes e bem picada

Sal e pimenta-preta moída na hora

1 tomate médio, sem sementes e picado

1 rabanete pequeno, aparado e picado

30 copinhos crocantes de tortilha*

¼ de xícara de sementes de abóbora sem casca, tostadas e salgadas

1 **Para fazer o creme de coalhada:** Rale a casca de um limão finamente, esprema os dois limões e reserve o suco. Coloque a coalhada em uma tigela pequena e misture com o alho, as raspas de limão, a pimenta em pó, o azeite e a água. Misture bem. Tempere com sal e pimenta a gosto.

2 **Para fazer o guacamole:** Pique bem 2 colheres (sopa) da cebola (guarde o restante da cebola para outra receita). Pique bem as folhas e os talos do coentro.

3 Parta os avocados ao meio, descarte os caroços, tire a polpa com uma colher e coloque numa tigela média. Amasse grosseiramente com um garfo. Junte a cebola, metade da pimenta jalapeño picada e 1 colher (sopa) do suco de limão. Misture bem e tempere a gosto com sal e pimenta. Coloque mais suco de limão, ½ colher (chá) por vez, se quiser um sabor mais ácido, ou mais jalapeño se quiser mais ardência. Coloque metade do coentro picado e misture.

4 Misture o tomate e o rabanete em uma tigela pequena. Tempere com uma pitada de sal.

5 **Para montar os copinhos de guacamole:** Distribua os copinhos de tortilha em uma travessa. Coloque uma colherada do creme de coalhada na base de cada copinho e cubra com o guacamole. Finalize os copinhos com tomate e rabanete, sementes de abóbora e o restante do coentro.

* No Brasil, é mais difícil encontrar copinhos de tortilha, então uma sugestão é você comprar a tortilha grande, usar um cortador de massa para cortar cada uma em 4 pequenos círculos, e depois assá-los dentro de forminhas de muffins, em forno preaquecido, por 8 minutos. Assim eles terão a forma e a crocância dos copinhos da receita original. [N. E.]

Grace *and* Frankie

Martíni de melancia

Um suco de melancia caseiro e rápido deixa este coquetel colorido e refrescante. Na série *Grace and Frankie*, a versão caseira matinal preparada por Grace só precisava de uma melancia inteira e uma garrafa de vodca. Nós, porém, acrescentamos suco de limão fresco, licor de flor de sabugueiro e uma pitada de sal para criar o melhor martíni da cidade.

Se quiser uma versão não alcoólica deliciosa, troque o gim e o licor de flor de sabugueiro por ½ xícara de refrigerante de limão ou água com gás.

RENDIMENTO: 2 coquetéis
PRÉ-PREPARO: 15 minutos

 **VEGANO**

350 g de melancia sem sementes, porcionada conforme a receita

1 limão

Uma pitada de sal

85 ml de gim

40 ml de licor de flor de sabugueiro

1. Corte a melancia em cubos de 2,5 cm. Separe dois cubos para usar de decoração.

2. Esprema metade do limão em uma tigela pequena (guarde a outra metade para outra receita ou corte em gomos finos para decorar).

3. Coloque a melancia e 1 colher (chá) do suco de limão em um liquidificador. Tempere com o sal. Bata até ficar bem homogêneo.

4. Coloque um coador fino em cima de uma jarra de medir líquidos. Despeje o suco de melancia pelo coador, pressionando com cuidado com uma colher para ajudar a coar. Isso deve render cerca de 170 ml de suco de melancia. Prove a mistura e coloque mais suco de limão, se necessário.

5. Coloque o suco de melancia em uma coqueteleira com o gim e o licor de flor de sabugueiro. Complete com gelo. Bata até que o exterior da coqueteleira esteja gelado e coe para dentro de duas taças de martíni. Decore com os cubos reservados de melancia ou com um gomo de limão.

ASSISTA
GRACE AND FRANKIE

Dica profissional: O suco de melancia pode ser refrigerado em um recipiente hermético por 2 dias. Este drinque também fica delicioso com suco de melancia comprado pronto, e você pode pular a etapa do coador se quiser uma versão mais pedaçuda – talvez até mais saudável?

STRANGER THINGS

2

Estão prontos para assistir – ou reassistir – às suas temporadas favoritas enquanto o grupo de amigos de *Stranger Things* luta contra as forças do mal? Junte seus amigos e faça uma maratona épica com nossas divertidas sugestões de decoração, ideias de atividades, receitas e mais!

▶ PLANEJAMENTO DO EVENTO

Montagem do cenário

Pausa para o jogo

Receitas

1. Gratinado estranho de atum
2. Bolinhos de carne com purê de batata
3. Sundae de waffles triplos
4. Bolo invertido de abacaxi com gengibre e melado
5. Coquetel da maratona

PLANEJAMENTO DO EVENTO

Independentemente de você estar no mundo invertido ou no conforto do seu lar, transforme esta maratona em uma aventura inesquecível para você e seus amigos com estas incríveis sugestões de decoração, atividades, receitas e mais!

▶ Montagem do cenário

As risadas e a empolgação de seus convidados podem acabar atraindo um Demogorgon para sua festa, então tome cuidado!

- **Roupas:** Peça a seus convidados que venham com suas roupas favoritas dos anos 1980 (seja roupas que vocês já tenham ou compradas em brechós). Pontos extras se conseguir uma blusa como a do Murray!

- **Faça você mesmo:** Crie sua própria placa com os dizeres "Justiça para Barb!", para pendurar e demonstrar seu apoio.

- **Faça você mesmo:** Pendure um cordão de luzes coloridas em uma parede sem nada (ou quase nada). Use fita-crepe para criar um alfabeto debaixo de cada lâmpada, similar ao que Joyce fez para se comunicar com Will. (Isso será útil mais tarde!)

- **Decoração:** Monte seu próprio "Castelo Byers", construindo uma fortaleza confortável e impenetrável com travesseiros e cobertores para assistir a seus episódios favoritos.

- **Decoração:** Coloque vários dados coloridos e reluzentes de D&D sobre a mesa para inspirar as campanhas de RPG de seus amigos.

▶ Pausa para o jogo

- **Decodificador de luzes de Natal:** Lembra o alfabeto de fita-crepe que você fez, abaixo das luzes coloridas? Bem, é agora que ele entra em ação. Peça a um de seus convidados que pense numa palavra e diga para os outros participantes quantas letras ela tem. Cada jogador tem uma chance para adivinhar a palavra apontando para as letras na parede, como uma versão estranha de um jogo de forca.

- **Esconde-esconde com walkie-talkies:** Consiga alguns walkie-talkies para seus convidados e organize uma divertida brincadeira de esconde-esconde. Só não se esqueça de determinar limites seguros caso o jogo se espalhe para fora de casa!

- **Bufê de coberturas para o sundae de waffle triplo:** Compre diversos tipos de coberturas e toppings e deixe que cada um monte seu próprio Sundae de waffle.

- **Jogo de bebida para a maratona:** Beba um pouco do delicioso coquetel da maratona (página 41) toda vez que um dos devoradores de mentes aparecer na tela.

- **"Leve como uma pena":** Assim como Max diz que "fazemos nossas próprias regras", crie sua própria variação da brincadeira "Leve como uma pena". Peça que cada participante finja que tem poderes telecinéticos como a Eleven e veja o que (ou quem!) você consegue fazer se mexer neste jogo clássico de festas de pijama dos anos 1980.

- **Faça seu próprio RPG:** Crie seus próprios personagens de RPG, seja para uma campanha de D&D, uma aventura curta com qualquer sistema de regras, ou apenas para se divertir com os dados que você colocou na mesa.

Gratinado estranho de atum

Este é o clássico retrô perfeito para uma maratona de *Stranger Things*. Nossos minigratinados cremosos e cheios de queijo são cobertos com queijo cheddar e uma camada generosa de chips de batata. A receita pede duas embalagens pequenas de batata chips, mas, se você precisar de mais algumas para beliscar durante as cenas mais assustadoras, achamos que todos os convidados aprovarão.

RENDIMENTO: 12 minigratinados   **PRÉ-PREPARO:** 15 minutos   **COZIMENTO:** 40 minutos

Manteiga sem sal ou spray culinário para untar

Sal

115 g de macarrão com ovos (cerca de 2½ xícaras)

½ xícara de ervilhas congeladas

1 lata (300 g) de sopa cremosa de cogumelos

¼ de xícara de creme azedo

¼ de xícara de creme de leite com alto teor de gordura ou leite

1 ovo grande

1 colher (chá) de mostarda de Dijon

Pimenta-preta moída na hora

1 pimentão vermelho ou amarelo bem picado

2 talos de cebolinha cortados em fatias finas

280 g de atum em conserva com água, escorrido

1¼ de xícara de queijo cheddar maturado ralado

1 maço pequeno de salsinha fresca (cerca de 15 g) picado

60 g de batata chips

1 Unte levemente uma fôrma para muffins com 12 cavidades usando manteiga ou spray culinário. Preaqueça o forno a 180°C com uma grade na posição central. Coloque água e sal para ferver em uma panela média. Adicione o macarrão e cozinhe-o durante o tempo estipulado na embalagem. Quando faltar 2 minutos para terminar de cozinhar a massa, coloque as ervilhas. Escorra o macarrão com as ervilhas.

2 Coloque a sopa em uma tigela e misture com o creme azedo, o creme de leite (ou leite), o ovo e a mostarda. Tempere com ¼ de colher (chá) de sal e um pouco de pimenta-preta. Mexa bem com um batedor de arame até ficar homogêneo.

3 Junte o macarrão, as ervilhas, o pimentão, a cebolinha, o atum, ¾ de xícara de cheddar, metade da salsinha picada e misture bem. Distribua a mistura entre as cavidades da fôrma de muffin.

4 Quebre delicadamente as batatas chips. Espalhe-as sobre cada cavidade. Faça o mesmo com o restante do cheddar.

5 Leve a fôrma ao forno e asse por 25 a 30 minutos, até que esteja dourado na parte de cima e borbulhando nas bordas. Retire e deixe esfriar por 5 minutos.

6 Para servir, passe uma faquinha pela borda de cada cavidade para soltar os gratinados. Transfira-os para uma travessa de servir e decore com o restante da salsinha.

Bolinhos de carne com purê de batata

Assar esses bolinhos de carne em uma fôrma de muffins acelera o cozimento, e a porção é perfeita para uma maratona de *Stranger Things*. Para a cobertura de purê de batata, você pode usar tanto um saco de confeitar quanto simplesmente colocar colheradas de purê por cima.

RENDIMENTO: 12 bolinhos de carne
PRÉ-PREPARO: 15 minutos
COZIMENTO: 1 hora

BOLINHOS DE CARNE

1 colher (sopa) de óleo vegetal e mais um pouco para untar

1 cebola pequena bem picada

1 dente de alho bem picado

1 ovo grande

1 colher (sopa) de molho inglês

1 colher (sopa) mais 2 colheres (chá) de mostarda de Dijon ou escura, separadas

¼ de xícara de ketchup, dividida conforme a receita

1 maço pequeno de salsinha fresca (cerca de 15 g) picado

450 g de carne moída

¼ de xícara de farinha de empanar tipo panko

1 colher (chá) de sal

¼ de colher (chá) de pimenta--preta moída na hora

PURÊ DE BATATAS

4 batatas tipo Yukon Gold ou Asterix (aprox. 450 g)

Sal

2 colheres (sopa) de creme azedo

2 colheres (sopa) de manteiga sem sal

¾ de xícara de queijo cheddar maturado ralado

1 maço pequeno de cebolinha francesa fresca (cerca de 7 g) cortado em fatias finas

Pimenta-preta moída na hora

1 **Para fazer os bolinhos de carne:** Preaqueça o forno a 180°C com uma grade na posição central. Unte levemente uma fôrma para muffins com 12 cavidades. Aqueça o óleo em uma frigideira em fogo médio-alto. Coloque a cebola e o alho na frigideira e refogue por 2 a 3 minutos até que fiquem macios. Transfira a mistura de cebola e alho para uma tigela pequena e deixe esfriar um pouco.

2 Coloque o ovo em uma tigela média e misture com o molho inglês, 2 colheres (chá) da mostarda e 2 colheres (sopa) do ketchup. Junte a salsinha picada, a mistura de cebola e alho já mais fria, a carne moída, a farinha de empanar, sal e pimenta. Misture com as mãos até ficar homogêneo.

3 Distribua a massa de bolo de carne pelas cavidades da fôrma para muffins. Coloque as 2 colheres (sopa) restantes de ketchup em uma tigela pequena, misture com 1 colher (sopa) de mostarda e use a colher para distribuir a mistura sobre os bolinhos de carne na fôrma. Leve ao forno, na grade central, e asse por cerca de 15 minutos, até que os bolinhos estejam bem cozidos e dourados em cima.

4 **Para fazer o purê de batata:** Enquanto os bolinhos assam, limpe, descasque e corte as batatas em pedaços de 2,5 cm. Transfira--as para uma panela média e cubra com água até dois dedos acima das batatas. Tempere com sal, tampe a panela e leve ao fogo alto até ferver. Destampe, abaixe o fogo para médio-alto e cozinhe por cerca de 8 minutos, até que seja fácil furar as batatas com um garfo. Escorra as batatas e coloque os pedaços de volta na panela.

5 Junte o creme azedo, a manteiga, ½ xícara do queijo cheddar e metade da cebolinha e então amasse bem até ficar homogêneo. Tempere com sal e pimenta a gosto.

6 Use uma colher para distribuir um pouco do purê por cima de cada bolinho (ou use um saco de confeitar com um bico de sua escolha se quiser impressionar!). Polvilhe com o restante do queijo cheddar.

7 Leve a fôrma de volta ao forno e asse por 5 a 7 minutos, até que o purê esteja levemente dourado por cima e o queijo esteja derretido. Finalize com o restante da cebolinha antes de servir.

Sundae de waffles triplos

Este sundae com três waffles talvez seja a melhor comida para acompanhar uma maratona de série – exagerado, fácil de fazer e absolutamente delicioso. As camadas são feitas com amendoins tostados com mel, uma calda fácil de chocolate e bastante chantili azedinho. Certifique-se de guardar uma quantidade suficiente de confeitos e calda de chocolate para fazer sua decoração de luzes coloridas por cima!

RENDIMENTO: 4 sundaes
PRÉ-PREPARO: 10 minutos
COZIMENTO: 30 minutos

 VEGETARIANO

 CONTÉM CASTANHAS

2 colheres (sopa) de mel

1 xícara de amendoins tostados salgados (opcional, caso alguém seja alérgico)

Sal

120 g de chocolate meio amargo bem picado

2¾ xícaras de creme de leite fresco com alto teor de gordura, separadas

½ xícara de creme azedo

2 colheres (sopa) de açúcar impalpável

12 waffles congelados

Confeitos de chocolate ou de amendoim para decorar

▶▶ Para acelerar

Chantili caseiro é sempre mais especial e ainda mais delicioso. Aqui estão algumas dicas para obter o melhor resultado:

Gelar é essencial: Só tire o creme de leite e o creme azedo da geladeira na hora de bater.

O que são picos moles? Quando você levanta o batedor e o vira de ponta-cabeça, o chantili cai formando um pico levemente curvado.

O chantili pode ser feito com antecedência e refrigerado por até 8 horas; basta bater um pouco novamente antes de servir.

ASSISTA
STRANGER THINGS

1 Preaqueça o forno a 180°C com uma grade na posição central. Forre uma assadeira rasa com papel-manteiga.

2 Coloque o mel em uma tigela refratária média e leve ao micro-ondas em potência alta por cerca de 30 segundos, até que o mel esteja bem líquido. Coloque os amendoins na tigela com o mel e misture bem até cobrir todos. Tempere com uma pitada de sal.

3 Transfira os amendoins para a assadeira preparada (lave a tigela para o passo 4). Leve ao forno por aproximadamente 12 minutos, até que os amendoins estejam tostados e o mel tenha começado a caramelizar. Retire do forno e deixe esfriar completamente. Aumente a temperatura do forno para 230°C.

4 Coloque o chocolate na tigela limpa reservada. Aqueça ¾ de xícara do creme de leite em uma panela pequena em fogo baixo por cerca de 2 minutos, até começar a ferver e fumegar. Despeje o creme com cuidado sobre o chocolate picado e deixe descansar em temperatura ambiente por 5 minutos, até o chocolate começar a derreter. Tempere essa calda de chocolate com uma pitada de sal e bata com um batedor de arame até ficar liso e uniforme. Tampe e mantenha aquecido. Uma alternativa é aquecer o creme de leite no microondas, em uma tigela refratária média, por 45 segundos a 1 minuto, só até começar a fumegar. Coloque o chocolate na tigela, deixe descansar por 5 minutos e prossiga com a receita.

5 Coloque as 2 xícaras restantes de creme de leite, o creme azedo e o açúcar em uma tigela grande (ou na tigela de uma batedeira com o batedor de arame). Bata até que o chantili forme picos moles.

6 Com os amendoins já frios, pique-os grosseiramente (se quiser) e transfira para um prato. Descarte o papel-manteiga. Distribua os waffles na mesma assadeira, formando uma única camada. Leve ao forno e asse por 5 a 7 minutos, até que os waffles estejam quentes e crocantes. Deixe esfriar um pouco.

7 Para montar os sundaes, passe uma colherada de chantili em um waffle, cubra com alguns amendoins, alguns confeitos e regue com um pouco de calda de chocolate. Repita o processo com um segundo waffle. Finalize com o terceiro waffle e cubra com mais um pouco de chantili. Regue com mais calda de chocolate por cima, fazendo riscos, e coloque mais confeitos para imitar as luzinhas coloridas que Joyce pendura na sala de estar na primeira temporada. Repita com o restante dos ingredientes para montar três outros sundaes triplos.

Bolo invertido de abacaxi com gengibre e melado

A sobremesa sombria perfeita para uma maratona de *Stranger Things* com os amigos pode muito bem ser este bolo invertido de abacaxi com gengibre e melado. Este bolo clássico com anéis ensolarados de abacaxi e cerejas vermelhas vívidas por cima esconde uma camada de bolo mais escura logo abaixo.

Bolos invertidos de abacaxi costumam ter uma base de bolo amarelado, mas achamos que o bolo de gengibre com melado ajuda a balancear a doçura dos abacaxis por cima. Um pouquinho de rum na cobertura fica delicioso, mas não é obrigatório.

RENDIMENTO: Um bolo de 23 cm de diâmetro
PRÉ-PREPARO: 20 minutos
COZIMENTO: 1 hora mais tempo para esfriar

 **VEGETARIANO**

1 **Para fazer a cobertura:** Preaqueça o forno a 180°C com uma grade na posição central. Escorra as rodelas de abacaxi e seque-os com batidinhas de papel-toalha. Derreta a manteiga em uma frigideira de ferro com 25 cm de diâmetro em fogo médio por cerca de 3 minutos. Separe 3 colheres (sopa) da manteiga derretida em uma tigela pequena e reserve para o passo 4.

2 Mantenha a frigideira em fogo médio, junte o açúcar mascavo, o rum (se quiser), o gengibre e o sal, misturando com um batedor de arame por cerca de 2 minutos, até o açúcar dissolver e o líquido reduzir um pouco. Tire a frigideira do fogo. Distribua as rodelas de abacaxi por cima da mistura de açúcar e coloque uma cereja no centro de cada uma. Corte alguns pedaços de abacaxi para preencher os espaços que sobrarem. Reserve.

3 **Para fazer o bolo:** Coloque a farinha em uma tigela média e misture bem com o sal, o gengibre, o bicarbonato de sódio, o fermento, a canela, o cravo e a noz-moscada.

4 Coloque o melado em uma tigela grande com o ovo, o açúcar, o creme azedo, o leite, as 3 colheres (sopa) de manteiga reservadas e então misture com um batedor de arame até ficar uniforme. Junte os ingredientes secos e misture bem com uma espátula. Despeje essa massa por cima do abacaxi na frigideira, alisando o topo da massa com uma espátula.

5 Leve a frigideira ao forno. Asse por cerca de 35 minutos, ou até que o bolo, ao ser apertado, tenha certa elasticidade, e um palito inserido no centro saia com alguns poucos farelos úmidos.

6 Deixe o bolo esfriar por 5 minutos. Para desenformar, coloque um prato ou suporte de bolo sobre a frigideira e inverta o conjunto com cuidado. Espere 30 segundos e depois levante a frigideira delicadamente para desenformar. Coloque qualquer pedaço de fruta ou caramelo que sobrar na frigideira de volta sobre o bolo. Deixe esfriar completamente por cerca de 30 minutos antes de servir, acompanhado de uma colherada de chantili, se quiser.

COBERTURA

550 g de abacaxi em rodelas em calda

7 colheres (sopa) de manteiga sem sal, separadas

½ xícara de açúcar mascavo claro

1 colher (chá) de rum escuro (opcional)

¼ de colher (chá) de gengibre em pó

¼ de colher (chá) de sal

12 cerejas em calda de marasquino ou 6 cerejas frescas tipo Bing, cortadas ao meio e sem caroço

BOLO

1¾ xícara de farinha de trigo

1 colher (chá) de sal

1½ colher (chá) de gengibre em pó

¾ de colher (chá) de bicarbonato de sódio

½ colher (chá) de fermento químico

1 colher (chá) de canela em pó

¼ de colher (chá) de cravo em pó

¼ de colher (chá) de noz-moscada em pó

¾ de xícara de melado de cana

1 ovo grande

¼ de xícara de açúcar cristal

⅓ de xícara de creme azedo

¼ de xícara de leite

Chantili para servir (opcional)

Coquetel da maratona

Para fechar nossa maratona festiva de *Stranger Things* com um drinque harmonizado, recomendamos um coquetel tão sombrio e perverso quanto o próprio mal. Este drinque dramático mistura amoras maceradas com limão no fundo do copo com uma névoa de espumante por cima.

Para fazer uma versão sem álcool, use suco de uvas verdes ou de maçã no lugar tanto do vinho branco quanto do licor de frutas vermelhas, e também use água com gás saborizada com frutas vermelhas ou um refrigerante de limão em vez de espumante.

RENDIMENTO: 4 coquetéis
PRÉ-PREPARO: 5 minutos

 VEGANO

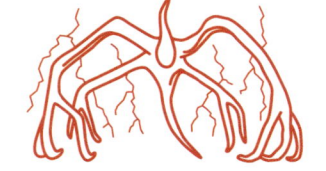

2 colheres (chá) de açúcar cristal

1 xícara de amoras e mais um pouco para decorar

Suco de 1 limão

85 ml de licor de frutas vermelhas

60 ml de vinho branco

Espumante gelado para finalizar

1 Em uma coqueteleira, coloque o açúcar, as amoras, o suco de limão e o licor. Use um socador ou colher para amassar as frutas até formar uma polpa espessa. Junte o vinho branco e preencha a coqueteleira até a metade com gelo. Agite por cerca de 30 segundos, até que o exterior da coqueteleira esteja gelado.

2 Distribua igualmente por 4 taças de champanhe. Finalize com espumante e decore com algumas amoras.

Crie seu próprio programa culinário

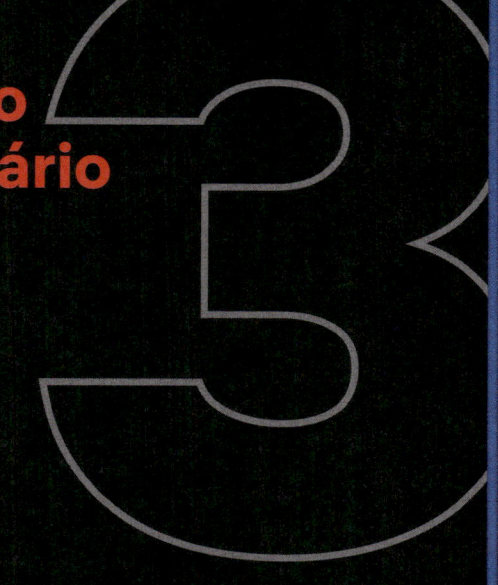

Você já assistiu a um programa culinário e pensou "acho que eu conseguiria fazer isso"? Eis a sua chance! Neste capítulo mergulharemos em 11 receitas deliciosas, sem aqueles limites de tempo chatos e sem jurados.

SAL, GORDURA, ACIDEZ E CALOR

Sanduíche de frango com buttermilk

Na minissérie *Sal, gordura, acidez e calor*, Samin Nosrat se junta à ilustradora (e sua colaboradora) Wendy MacNaughton para preparar seu famoso frango assado com buttermilk em um jantar festivo. Nesse evento, Samin serve o frango com uma salada que contém feijões-brancos cremosos, vegetais assados, um intenso vinagrete de chalota, queijo feta esfarelado e muitas ervas aromáticas.

Nós nos inspiramos nesse prato para criar um sanduíche que usa sal, gordura, acidez e, claro, calor. Em vez de assar um frango inteiro, marinamos dois peitos de frango ainda com osso em buttermilk com sal e depois assamos até que fiquem suculentos e macios. Pedaços pequenos de frango são então empilhados num pão tipo ciabatta tostado e depois besuntado com uma pasta cremosa de queijo feta. Por último, finalizamos com tomates assados macios e uma salada crocante e chamativa de aipo e ervas.

RENDIMENTO: 4 sanduíches
PRÉ-PREPARO: 30 minutos, mais o tempo de marinar e descansar
COZIMENTO: 1 hora

FRANGO COM BUTTERMILK

2 peitos de frango com osso e pele (cerca de 900 g)

Sal

1 xícara de buttermilk (leitelho)

TOMATES ASSADOS

3 tomates tipo italiano

2 ramos de tomilho fresco

1 colher (sopa) de azeite

Sal e pimenta-preta moída na hora

PASTA CREMOSA DE FETA

120 g de queijo feta esfarelado

1 dente de alho descascado e ralado finamente

½ xícara de coalhada seca

Sal e pimenta-preta moída na hora

1 colher (sopa) de água

2 colheres (sopa) de azeite

1 colher (sopa) de zaatar

SALADA DE AIPO COM ERVAS

1 chalota descascada

2 colheres (chá) de vinagre de vinho tinto

Sal e pimenta-preta moída na hora

2 colheres (sopa) de azeite

2 talos de aipo cortado em rodelas finas

1 maço pequeno de salsinha fresca (cerca de 15 g) picado

1 maço pequeno de endro fresco (cerca de 15 g) picado

4 pães tipo ciabatta cortados ao meio na horizontal

Azeite para regar

1 dente de alho

1 **Para preparar o frango:** Seque os peitos de frango com batidinhas de papel-toalha e tempere generosamente com sal dos dois lados. Deixe descansar em temperatura ambiente por 30 minutos. Misture o buttermilk com 1 colher (sopa) de sal. Transfira o frango para um saco plástico com fecho hermético e despeje o buttermilk por cima. Pressione para tirar o máximo de ar possível e sele o saco. Manuseie com cuidado para cobrir todo o frango com o buttermilk. Leve à geladeira e deixe marinar de um dia para o outro.

2 **Para assar o frango e os tomates:** Tire o frango da geladeira 1 hora antes de cozinhar. Preaqueça o forno a 230°C e coloque as grades no centro e no terço inferior. Forre uma assadeira rasa com papel-manteiga. Corte os tomates ao meio no sentido do comprimento, tire as sementes e depois corte em gomos de 1,5 cm. Coloque-os na assadeira com os ramos de tomilho. Regue com azeite e tempere com sal e pimenta. Tire os peitos de frango da marinada, escorrendo o máximo possível do buttermilk, e transfira para uma frigideira média que possa ser levada ao forno.

3 Asse o frango na grade central por cerca de 30 minutos, até que a pele do frango esteja bem dourada e a carne esteja totalmente cozida. Asse os tomates na grade inferior por aproximadamente 30 minutos, até que estejam bem macios e tostados em alguns pontos. Tire os tomates e o frango do forno. Deixe descansar em temperatura ambiente por 10 a 15 minutos, até esfriarem o suficiente para serem manuseados.

4 **Para fazer a pasta de feta:** Coloque o queijo feta em uma tigela média com o alho, a coalhada e uma pitada de sal e outra de pimenta, depois amasse os ingredientes com um garfo para misturar bem. Junte a água e o azeite e misture bem. A pasta deve ficar com uma textura fácil de espalhar, então coloque mais azeite e água, uma colherada por vez, até atingir a textura desejada. Junte o zaatar e misture.

5 **Para montar a salada de aipo com ervas:** Corte a chalota em fatias finas transversais e coloque em uma tigela média. Tempere com o vinagre e uma pitada de sal e outra de pimenta. Deixe marinar por 10 minutos. Regue com o azeite e junte o aipo, a salsinha e o endro na mesma tigela. Misture bem e tempere a gosto com sal e pimenta.

6 **Para montar os sanduíches:** Preaqueça o gratinador do forno com uma grade a 15 cm da fonte de calor. Regue os pães com um pouco de azeite. Toste os pães com o lado cortado para cima por 1 a 2 minutos, até que estejam levemente dourados (fique de olho, pois cada gratinador é diferente). Esfregue o lado cortado dos pães com o dente de alho.

7 Tire a pele do frango já mais frio e desmanche a carne em pequenos pedaços. Besunte os lados cortados dos pães com a pasta de feta, depois cubra 4 das metades de pão com tomates assados, frango e a salada de aipo com ervas. Cubra com as outras metades de pão.

"Sal, gordura, acidez e calor: quatro elementos básicos que podem garantir o sucesso ou fracasso de um prato."
—SAMIN NOSRAT

Sopa de bacalhau com vôngoles

No último episódio de *The Final Table*, quatro participantes tiveram duas horas para criar um prato que fosse aprovado pelos nove jurados culinários icônicos – um prato, como descrito por Andrew Knowlton, "que criará uma lenda". O vencedor da primeira temporada, chef Timothy Hollingsworth, apresentou aos jurados um prato de bacalhau negro, navalhas e vôngoles, com mousseline de batata, cinza de alho-poró e alliums queimados – receita que ficou famosa em seu restaurante, Otium.

Pegando carona nesse prato premiado do chef Hollingsworth, que por sua vez foi inspirado nas sopas tipo chowder, criamos esta tigela de sopa de vôngoles e bacalhau digna de um restaurante. Ao cozinhar os vôngoles separadamente, você consegue preparar um caldo de vôngoles caseiro em vez de usar uma versão industrializada. Embora sopas tipo chowder costumem ser servidas com bolachinhas redondas chamadas *oyster crackers*, aqui preparamos nossos próprios croûtons amanteigados com uma pitada de tempero Old Bay para finalizar nossa sopa. Esses toques caseiros dão um requinte digno de *The Final Table* para esta refeição deliciosa.

RENDIMENTO: 4 porções **PRÉ-PREPARO:** 2 horas
COZIMENTO: 1 hora

1 Coloque os vôngoles em uma tigela grande e cubra com água fria. Deixe descansar em temperatura ambiente por 20 minutos, depois retire um por um e coloque-os em um escorredor. Descarte a água e enxágue a tigela. Devolva os vôngoles à mesma tigela, cubra com água limpa e repita o processo, trocando a água a cada 20 minutos, até não sobrar nenhuma sujeira ou areia. (Isso deve levar cerca de 1 hora.)

2 Enquanto os vôngoles estão de molho, corte o pão em cubos de 2,5 cm. Aqueça o óleo e 2 colheres (sopa) da manteiga em uma frigideira grande por cerca de 2 minutos, até a manteiga derreter. Junte os pedaços de pão e tempere com uma pitada de sal e outra de pimenta. Frite por 5 a 7 minutos, mexendo de tempos em tempos, até o pão ficar dourado e crocante. Salpique tempero Old Bay sobre os croûtons e então cozinhe por mais 30 segundos, até ficar aromático. Transfira os croûtons para um prato e deixe descansar em temperatura ambiente.

3 Apare a parte verde-escura do alho-poró e descarte, depois corte o alho-poró ao meio no sentido no comprimento. Fatie cada metade em meias-luas finas. Transfira-as para uma tigela média e cubra com água fria. Remexa-as com os dedos para soltar qualquer sujeira ou terra, depois tire tudo da água e transfira para um prato. Enxágue a tigela e encha com água fria. Escove as batatas, corte em cubos de 2 cm e coloque-os na tigela com água.

>>a receita continua na próxima página

Ingredientes

1,4 kg de vôngoles na concha

3 fatias de pão italiano ou outro pão de fermentação natural (cerca de 1,5 cm de espessura)

2 colheres (sopa) de óleo vegetal

4 colheres (sopa) de manteiga sem sal, separadas

Sal e pimenta-preta moída na hora

½ colher (chá) de tempero Old Bay*

1 alho-poró grande

3 batatas médias tipo Yukon Gold ou Asterix (aprox. 700 g)

2 ramos de tomilho fresco

1 folha de louro

2 dentes de alho

1 cebola bem picada

⅓ de xícara de vinho branco ou vermute seco (opcional)

3 talos de aipo cortados em fatias finas

680 g de filés de bacalhau fresco

1½ xícara de creme de leite fresco com alto teor de gordura

1 limão-siciliano

1 maço pequeno de salsinha fresca (cerca de 15 g) bem picado

* Old Bay é um tempero típico dos EUA, basicamente uma mistura de sal de aipo, páprica, pimenta-preta, entre outros ingredientes [N.E.]

>>Sopa de bacalhau com vôngoles (continuação)

4 Coloque os vôngoles limpos em uma panela grande com o tomilho, o louro e 4½ xícaras de água fria. Esmague um dente de alho e pique bem o outro. Coloque o alho esmagado na panela com os vôngoles. Leve ao fogo médio até ferver, então reduza o fogo e cozinhe por 5 a 10 minutos, até que os vôngoles se abram. Tire a panela do fogo.

5 Use uma colher vazada para transferir os vôngoles para uma tigela grande. (Descarte os vôngoles que não se abriram.) Passe o líquido do cozimento por um coador fino para dentro de uma tigela média e descarte os ingredientes aromáticos. (Você obterá cerca de 4 xícaras de líquido.) Reserve um terço dos vôngoles ainda nas conchas para servir, remova a carne dos restantes e corte em pedaços de 1,5 cm.

6 Limpe a panela e coloque nela as 2 colheres (sopa) restantes de manteiga. Aqueça em fogo médio até a manteiga derreter, e então coloque o alho picado, a cebola e o alho-poró. Tempere com sal e pimenta e cozinhe por 5 a 6 minutos, até que os ingredientes estejam macios. Junte o vinho ou vermute, se quiser, e cozinhe por 2 minutos, até que quase todo o líquido tenha evaporado.

7 Na mesma panela, adicione o aipo, a batata e o líquido do cozimento dos vôngoles e cozinhe em fogo alto até ferver. Reduza o fogo para médio e cozinhe por cerca de 12 minutos, até a batata ficar macia.

8 Enquanto isso, seque a carne de bacalhau com batidinhas de papel--toalha e corte em cubos de 5 cm. Quando a batata estiver macia, amasse alguns pedaços com uma colher para engrossar a sopa. Junte os vôngoles cozidos, o bacalhau e o creme de leite na panela da sopa. Cozinhe em fervura branda por 2 a 3 minutos, até que o bacalhau esteja opaco e os vôngoles estejam aquecidos. Tire do fogo e tempere a gosto com sal e pimenta.

9 Rale finamente a casca de metade do limão e misture na sopa, juntando metade da salsinha também.

10 Distribua a sopa em 4 tigelas, finalize com os croûtons e o restante da salsinha.

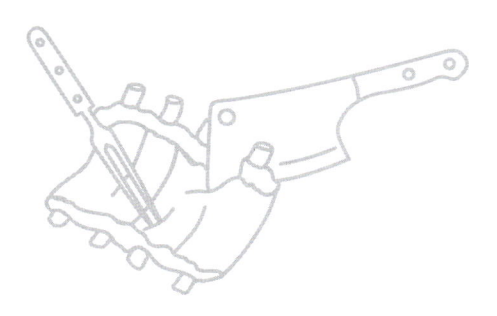

UGLY DELICIOUS

Costela bovina assada

1,8 kg de costela bovina cortada transversalmente em pedaços de 5 a 7 cm

2 cebolas roxas médias

1 pera asiática pequena descascada

¾ de xícara de molho de soja (shoyu)

¼ de xícara de açúcar mascavo claro

¼ de xícara de mel

½ xícara de saquê mirin

½ xícara de vinho tinto (ou suco de maçã, se não quiser álcool)

1 colher (sopa) de óleo de gergelim torrado

Sal e pimenta-preta moída na hora

Óleo vegetal para cozinhar

5 dentes de alho espremidos

1 pedaço de 2,5 cm de gengibre fresco descascado e cortado em fatias finas

2 xícaras de caldo de frango com baixo teor de sódio

3 a 4 cenouras (aprox. 350 g)

3 batatas tipo Yukon Gold ou Asterix (aprox. 350 g)

1 nabo japonês médio (aprox. 350 g)

2 xícaras de arroz jasmim

2 xícaras de água

1 colher (chá) de sal

4 talos de cebolinha cortados em fatias finas

½ xícara de pinoli

No episódio de *Ugly Delicious* sobre comida caseira, o chef David Chang prepara para sua esposa um cozido de costela bovina chamado galbi jjim. Ele e seu amigo Peter Meehan viajam então para o estado da Virginia para cozinhar no jantar de Ação de Graças da família Chang. Enquanto David e sua mãe, Sherri, fazem compras no mercado local, ela reitera que galbi jjim *não pode* ter bolinhos de arroz.

Nossa costela inspirada no galbi jjim tem um molho saboroso, salgado e adocicado e, em vez de bolinhos de arroz, é cozida com pedaços macios de batata, cenoura e nabo japonês. Sirva a carne braseada com arroz com cebolinha e pinoli salpicado por cima.

RENDIMENTO: 4 porções
PRÉ-PREPARO: 40 minutos, mais 30 minutos de demolha
COZIMENTO: 4 horas

🚫 **CONTÉM CASTANHAS**

1 Coloque a costela de molho em uma tigela grande de água fria por 30 minutos. Escorra com um escorredor e enxágue com água fria.

2 Encha uma panela média até a metade com água e leve à fervura. Coloque a costela na água fervente e branqueie por 5 minutos. Escorra, repita o processo de branqueamento mais duas vezes e então seque a carne com batidinhas de papel-toalha até estarem bem secas.

3 Enquanto estiver branqueando as costelas, descasque as cebolas e corte-as ao meio. Corte cada metade em gomos de 2,5 cm, deixando a base da raiz intacta para não desmanchar. Rale a pera grosseiramente usando os furos grandes de um ralador. (Isso deve render cerca de ¾ de xícara.)

4 Em uma tigela média, misture o shoyu com o açúcar mascavo, o mel, o saquê mirin, o vinho tinto, o óleo de gergelim e a pera ralada, batendo com um batedor de arame até dissolver o açúcar. Reserve esse líquido para o cozimento no passo 7.

5 Preaqueça o forno a 200°C com uma grade na posição central. Tempere a costela com sal e pimenta por todos os lados. Aqueça 1 colher (sopa) de óleo em uma panela grande de ferro ou cerâmica em fogo médio-alto. Trabalhe em levas, colocando a carne na panela sem encher demais. Cozinhe por 10 a 12 minutos, virando de tempos em tempos, até os dois lados ficarem dourados. Transfira para um prato. Repita com o restante da costela, colocando mais óleo se necessário, 1 colher (sopa) por vez.

>>a receita continua na próxima página

>>Costela bovina assada (continuação)

6 Depois de dourar todos os pedaços de costela, coloque 1 colher (sopa) de óleo na mesma panela e junte a cebola, o alho e o gengibre. Reduza para fogo médio e cozinhe por 5 a 7 minutos, mexendo e raspando os pedacinhos tostados no fundo, até a cebolar amolecer um pouco.

7 Coloque a costela de novo na panela com o suco que tiver sobrado no prato. Junte a mistura de molho de soja e o caldo de frango. Aumente o fogo para médio-alto e espere ferver. Então, leve a panela ao forno, tampe-a e braseie por cerca de 1 hora, até as costelas ficarem quase macias.

8 Enquanto isso, escove as cenouras, as batatas e o nabo. Descasque as cenouras e o nabo, depois corte em pedaços de 2,5 cm. Corte as batatas também em pedaços de 2,5 cm.

9 Tire a costela do forno. Abaixe a temperatura para 180°C. Destampe e junte a cenoura, a batata e o nabo. Coloque novamente no forno e asse por aproximadamente 1 hora, até que a costela e os vegetais estejam bem macios.

10 Use uma colher vazada para transferir a carne e os vegetais para um prato grande e cubra para manter aquecido. Descarte o alho e o gengibre. Ferva o líquido do cozimento e abaixe o fogo para médio-alto. Cozinhe por aproximadamente 10 minutos, até que o molho tenha reduzido um pouco e esteja espesso o bastante para cobrir as costas de uma colher. Tempere com sal e pimenta a gosto. Descarte os ossos das costelas, se quiser, e volte a carne e os vegetais para a panela com o molho. Tampe e mantenha aquecido.

11 Coloque o arroz em uma panela média com a água e o sal. Deixe ferver, tampe, reduza para fogo baixo e cozinhe por 17 minutos. Tire a panela do fogo e deixe o arroz descansar por 5 minutos. Destampe e solte os grãos do arroz com um garfo.

12 Sirva a carne braseada, os vegetais e o molho com o arroz. Finalize com cebolinha e pinoli.

OS MESTRES DA FRITURA

Ravióli tostado de St. Louis

O ravióli tostado, também conhecido como T-Rav, é um prato típico de St. Louis. Quando a equipe de *Os mestres da fritura* visita a cidade, o apresentador Daym Drops experimenta esse prato, preparado por Nick Chiodini do Zia's on the Hill. Nick fritou ravióli de carne bovina para Daym, mas você pode usar qualquer recheio de ravióli que preferir.

O Zia's utiliza equipamento de fritura industrial, mas você pode obter resultados dignos de um restaurante usando uma panela grande de ferro ou cerâmica e um termômetro para fritura. Algumas dicas profissionais: não frite muitos raviólis de uma vez, pois a temperatura do óleo vai baixar demais, e o ravióli vai cozinhar mais devagar e ficar encharcado. Além disso, certifique-se de deixar o óleo voltar à temperatura correta antes de colocar a próxima leva. Fritar cada leva na temperatura correta ajuda a preparar os T-Ravs bem dourados que Daym tanto adorou.

RENDIMENTO: 4 porções de aperitivo **PRÉ-PREPARO:** 30 minutos, mais o tempo para gelar
COZIMENTO: 35 minutos

30 g de queijo Parmigiano Reggiano, porcionado conforme a receita

450 g de ravióli fresco

½ xícara de farinha de trigo

1 ovo grande

Sal e pimenta-preta moída na hora

1 xícara de farelo de pão, farinha de rosca ou farinha tipo panko

1½ colher (chá) de tempero italiano

½ colher (chá) de alho em pó

Óleo vegetal para fritar

2 xícaras de molho marinara

1 maço pequeno de manjericão fresco (cerca de 15 g) (opcional)

1 Rale o queijo em lascas finas (isso deve render cerca de ¾ de xícara). Tire os raviólis da embalagem, separando cuidadosamente cada unidade se necessário. Forre uma assadeira rasa com papel-manteiga.

2 Coloque a farinha de trigo em uma tigela larga média ou em uma travessa para torta. Coloque o ovo em uma tigela média rasa, bata levemente e tempere com uma pitada de sal e outra de pimenta. Coloque a farinha de empanar em uma terceira tigela média com o tempero italiano, o alho em pó e ⅔ de xícara do queijo ralado.

3 Trabalhando com alguns raviólis por vez, passe-os na farinha de trigo e depois no ovo. Escorra um por vez, deixando o excesso de ovo pingar de volta na tigela. Passe na mistura de empanar, dando batidinhas para ajudar a grudar. Disponha os raviólis empanados na assadeira preparada. Repita com o restante e coloque-os no congelador por pelo menos 15 minutos para firmar enquanto o óleo esquenta.

4 Em uma panela grande de ferro ou cerâmica, aqueça 5 cm de óleo vegetal em fogo médio-alto até atingir a temperatura de 180°C. Coloque uma grade de resfriamento em uma assadeira rasa ou forre uma assadeira com papel-toalha.

5 Uma leva por vez, coloque os raviólis empanados no óleo quente e frite por 2 a 3 minutos de cada lado, até que estejam crescidos e dourados. Transfira-os para a assadeira preparada ou grade de resfriamento e tempere com sal. Deixe o óleo voltar para a temperatura de 180°C antes de fritar mais.

6 Enquanto os raviólis estiverem fritando, aqueça o molho marinara em uma panela pequena em fogo médio-baixo.

7 Para servir, finalize com o restante do queijo ralado e um pouco de manjericão picado, se quiser. Sirva com o molho marinara aquecido, para mergulhar.

NA ROTA do TACO

Na rota do taco de peixe

Em *Na rota do taco*, as histórias variadas e saborosas dos diferentes tipos de taco são exploradas pelo olhar tanto dos chefs que os preparam quanto dos clientes que são apaixonados por esse prato. No sétimo episódio da segunda temporada, o taco de pescado é o tipo escolhido. Os espectadores aprendem sobre as variedades regionais desse taco e sobre a influência japonesa no tipo de massa usada.

Colocamos em prática tudo que aprendemos sobre tacos para preparar esta receita deliciosa. Ela inclui recheios clássicos – repolho picado, salsa mexicana, maionese, limão e molho de pimenta –, além do peixe fresco frito em uma massa leve de cerveja, que é similar à do tempurá.

RENDIMENTO: 12 tacos **PRÉ-PREPARO:** 20 minutos **COZIMENTO:** 45 minutos

1 repolho pequeno (cerca de 230 g)

3 tomates médios sem miolo e picados

1 cebola branca pequena bem picada

1 maço pequeno de coentro fresco (cerca de 30 g) bem picado

2 limões cortado em gomos

Sal e pimenta preta moída na hora

½ xícara de maionese

¼ de colher (chá) de pimenta chipotle em pó

680 g de peixe branco de carne firme, como bacalhau fresco, dourado marinho ou similar

1½ xícara de farinha de trigo, porcionada conforme a receita

1 xícara de cerveja leve

Óleo vegetal para fritar

12 tortilhas de milho de 15 cm de diâmetro

Pimentas jalapeño em conserva para servir (opcional)

Molho mexicano de pimenta para servir (opcional)

1 Pique o repolho em fatias bem finas até obter o equivalente a 3 xícaras (reserve o restante para outra receita).

2 Coloque o tomate, a cebola e metade do coentro em uma tigela média. Tempere essa salsa mexicana com sal e o suco de 2 gomos de limão e misture bem. Em uma tigela pequena, misture a maionese e chipotle em pó e tempere com uma pitada de sal e outra de pimenta.

3 Seque o peixe com batidinhas de papel-toalha e corte em tiras de aproximadamente 2,5 cm de largura e 10 cm de comprimento. Coloque ½ xícara da farinha em um prato e reserve. Coloque o restante da farinha em uma tigela média rasa e tempere com 1 colher (chá) de sal e um pouco de pimenta. Use um batedor de arame para incorporar a cerveja, despejada num fio constante sobre os ingredientes secos, até começar a ficar homogêneo. (Não misture demais.)

4 Aqueça 5 cm de óleo em uma panela grande de ferro ou cerâmica até atingir 180°C. Coloque uma grade de resfriamento sobre uma assadeira rasa.

5 Enquanto o óleo estiver aquecendo, coloque uma frigideira média de ferro fundido em fogo alto. Trabalhe em levas, tostando as tortilhas por cerca de 30 segundos de cada lado, até ficarem quentes, maleáveis e douradas em alguns pontos. Embrulhe as tortilhas aquecidas em papel-alumínio e repita o procedimento com as demais.

6 Quando o óleo atingir 180°C, polvilhe sal sobre o peixe. Trabalhando com 4 a 5 pedaços de peixe por vez, passe-os pela farinha de trigo, sacudindo para remover o excesso. Em seguida coloque-os na massa. Escorra o excesso de massa, deixando pingar de volta na tigela, e coloque o peixe no óleo quente. Frite por 1 a 2 minutos de cada lado, virando uma vez só, até que a massa esteja crescida e dourada. Transfira os pedaços fritos para a grade de resfriamento e tempere com sal. Repita o processo com o restante do peixe e da massa.

7 Monte os tacos na mesa com as tortilhas quentes, o peixe frito, o repolho, a salsa mexicana e a maionese de chipotle. Esprema os gomos de limão por cima e finalize com pimentas jalapeño ou molho de pimenta, se desejar.

Sanduíche cubano de Miami

"Um sanduíche cubano é como uma explosão de sabores na boca", disse Melissa Elias, do restaurante Luis Galindo's, em *Street Food: Miami.* Os sanduíches cubanos do Luis Galindo's são deliciosamente preparados com paleta suína assada, presunto adocicado fatiado, queijo suíço, mostarda amarela e picles azedos, prensados em um pão besuntado generosamente com manteiga.

Na nossa versão, usamos filé-mignon de porco temperado com uma marinada cubana tipo mojo em vez do porco assado clássico, que precisaria de mais tempo de cozimento. Também ensinamos como fazer uma prensa de sanduíches caseira usando duas frigideiras. Fora isso, o presunto é adocicado, os picles são azedinhos, tanto a manteiga quanto a mostarda são usadas em abundância e o queijo suíço derretido ajuda a segurar tudo no lugar. Adoramos o sabor de ervas e alho do chimichurri neste sanduíche, mas é opcional.

RENDIMENTO: 4 sanduíches
PRÉ-PREPARO: 15 minutos, mais 30 minutos para marinar
COZIMENTO: 1 hora

ASSISTA
STREET FOOD EUA

CARNE DE PORCO ASSADA

2 dentes de alho grandes ralados finamente

⅓ de xícara de suco de laranja recém-espremido

2 colheres (sopa) de suco de limão recém-espremido

¼ de xícara de azeite

1 colher (chá) de sal

1 colher (chá) de orégano seco

½ colher (chá) de cominho em pó

¼ de colher (chá) de pimenta-preta moída na hora

450 g de filé-mignon suíno

4 pães tipo minibaguetes com 20 a 25 cm de comprimento

4 picles de pepino e mais alguns para servir

4 colheres (sopa) de manteiga sem sal amolecida

½ xícara de mostarda amarela

¼ de xícara de chimichurri (opcional)

450 g de fatias finas de presunto de qualidade

230 g de fatias finas de queijo suíço

Óleo vegetal para cozinhar

1 **Para fazer a carne assada:** Em uma tigela rasa média, use um batedor de arame para misturar bem o alho, o suco de laranja, o suco de limão, o azeite, o sal, o orégano, o cominho e a pimenta. Seque a carne com batidinhas de papel-toalha e coloque na marinada, virando dos dois lados para cobrir bem. Envolva-a com filme-plástico e deixe marinando em temperatura ambiente por 30 minutos.

2 Preaqueça o forno a 190°C com uma grade na posição central. Forre uma assadeira rasa com papel-alumínio e coloque nela a carne, regando com a marinada por cima. Leve ao forno e asse por cerca de 30 minutos, até que um termômetro de leitura instantânea inserido na parte mais grossa marque 60°C.

3 Tire a carne do forno, coloque-a sobre uma tábua de corte e cubra com papel-alumínio. Deixe descansar por 10 minutos e depois corte em fatias finas na diagonal.

4 **Para montar os sanduíches:** Corte os pães ao meio no sentido do comprimento. Fatie 4 picles no sentido do comprimento. Espalhe 1 colher (sopa) da manteiga amolecida na parte externa de cada pão. Coloque-os sobre uma superfície limpa com a parte besuntada com manteiga para baixo. Espalhe 1 colher (sopa) de mostarda na parte cortada e cubra com 1 colher (sopa) do chimichurri, se for usar. Distribua o presunto igualmente pelas 4 metades de pão e cubra com o picles. Coloque a carne assada, regando com os sucos que possam ter se acumulado na tábua de corte. Cubra a carne com o queijo suíço e feche os sanduíches.

5 Embrulhe a base de uma frigideira grande e pesada com papel-alumínio. Regue outra frigideira com um pouco de óleo e aqueça em fogo médio. Coloque dois dos sanduíches na frigideira com óleo e então pressione com a frigideira embrulhada com papel-alumínio. Cozinhe por aproximadamente 5 minutos, até que os sanduíches estejam dourados na base. Vire e pressione novamente, cozinhando por mais 5 minutos, até que o outro lado também esteja dourado e o queijo esteja derretido. Repita o processo com os dois outros sanduíches. Corte-os ao meio e sirva com mais picles.

"A melhor comida está nas ruas: incrivelmente intensa e variada, explodindo de tanto sabor."

—ABERTURA DA SÉRIE

DA ÁFRICA AOS EUA
UMA JORNADA GASTRONÔMICA

Mac and cheese de forno com presunto curado

No terceiro episódio de *Da África aos EUA*, o apresentador Stephen Satterfield viaja para Monticello, na Virgínia, para aprender sobre as contribuições do chef escravizado James Hemings à culinária clássica estadunidense, incluindo sua torta de macarrão, um prato que hoje conhecemos como mac and cheese.

Nossa versão, fiel à torta de macarrão da época de Hemings, intercala camadas de macarrão cozido, manteiga e queijo em vez de usar molho béchamel. Também acrescentamos cubos de presunto curado típico da Virgínia, um ingrediente famoso tanto nos tempos de Hemings quanto hoje. Nossa receita também leva alguns toques modernos: cream cheese intenso e azedinho para ajudar na emulsão do molho e cebolinha picada para agregar na textura.

RENDIMENTO: 4 porções
PRÉ-PREPARO: 20 minutos
COZIMENTO: 45 minutos

4 colheres (sopa) de manteiga sem sal e mais um pouco para untar

2¼ xícaras de leite, separadas

340 g de macarrão tipo conchinha ou caracol

3 talos de cebolinha cortados em fatias finas

170 g de presunto curado (tipo "tender") cortado em cubos de 1,5 cm

230 g de queijo cheddar maturado ralado grosseiramente

60 g de cream cheese

Sal e pimenta-preta moída na hora

Molho de pimenta para servir (opcional)

1 Preaqueça o forno a 180°C com uma grade na posição central. Unte uma travessa refratária quadrada de 20 cm. Corte a manteiga em pedacinhos pequenos.

2 Leve 2 litros de água salgada à fervura em uma panela grande. Coloque 2 xícaras do leite e o macarrão. Cozinhe o macarrão de acordo com as instruções na embalagem, até que esteja al dente, e escorra.

3 Coloque um terço do macarrão na travessa untada. Cubra essa camada com um terço da cebolinha, do presunto, do queijo ralado e da manteiga. Espalhe metade do cream cheese, com pequenas colheradas. Tempere com uma pitada de sal e outra de pimenta. Repita o processo com outro terço do macarrão, da cebolinha, do presunto, do queijo ralado e da manteiga. Espalhe o restante do cream cheese. Tempere com sal e pimenta. Cubra com o restante do macarrão, da cebolinha, do presunto, do queijo ralado e da manteiga. Despeje o ¼ de xícara restante de leite por cima.

4 Cubra a travessa com papel-alumínio. Leve ao forno. Asse por 25 a 30 minutos, até que os queijos tenham derretido e o mac and cheese esteja borbulhando nas bordas.

5 Retire do forno. Deixe descansar por 5 minutos, depois tire o papel-alumínio e misture cuidadosamente para mesclar os ingredientes. Sirva com algumas gotas generosas de molho de pimenta, se quiser.

IRON CHEF:
EM BUSCA DE UMA LENDA

Orecchiette medieval com cogumelos, parmesão e salsinha

Em *Iron Chef: Em busca de uma lenda*, os chefs Curtis Stone, Dominique Crenn, Gabriela Cámara e Marcus Samuelsson criam um banquete mágico com temática medieval usando três ingredientes, cada um anunciado em um momento diferente da competição. Um dos ingredientes, os cogumelos, tem uma conexão especial com a chef e apresentadora Kristen Kish.

Em outra competição gastronômica, a chef Kish assou os cogumelos para reduzir sua umidade antes de salteá-los para um acompanhamento que agradou os jurados. Na nossa interpretação da receita, seguimos esse exemplo e assamos uma mistura de cogumelos porcini e cremini antes de mergulhá-los em um molho aveludado salteado com o orecchiette.

RENDIMENTO: 4 porções
PRÉ-PREPARO: 15 minutos
COZIMENTO: 1 hora

🌱 **VEGETARIANO**

450 g de cogumelos cremini limpos e cortados em quartos

115 g de cogumelos porcini limpos e cortados em quartos

2 colheres (sopa) de azeite

Sal e pimenta-preta moída na hora

4 colheres (sopa) de manteiga, separadas

1 chalota bem picada

2 dentes de alho bem picados

2 colheres (sopa) de vinagre de xerez

¼ de xícara de caldo de legumes com baixo teor de sódio

¾ de xícara de creme de leite fresco com alto teor de gordura

450 g de massa tipo orecchiette

1 maço pequeno de salsinha fresca (cerca de 15 g) picado grosseiramente

15 g de queijo Parmigiano Reggiano ralado em tiras finas

ASSISTA
IRON CHEF: EM BUSCA DE UMA LENDA

ASSISTA
IRON CHEF: EM BUSCA DE UMA LENDA

1 Preaqueça o forno a 220°C com uma grade na posição central. Coloque os cogumelos em uma assadeira rasa. Regue com azeite e tempere com sal e pimenta.

2 Leve os cogumelos ao forno e asse por cerca de 25 minutos, até que os cogumelos estejam dourados e macios. Enquanto isso, ferva uma panela de água salgada.

3 Derreta 2 colheres (sopa) da manteiga em uma frigideira grande em fogo médio. Coloque a chalota e o alho na frigideira e refogue por 2 a 3 minutos, até ficarem macios. Aumente o fogo para médio-alto e adicione os cogumelos. Misture tudo e então cozinhe, sem mexer, por 3 a 4 minutos, até que os cogumelos estejam aromáticos e começando a dourar.

4 Adicione o vinagre na frigideira com os cogumelos. Mexa por 1 minuto, até o líquido evaporar quase por completo. Acrescente o caldo e o creme de leite, espere ferver e reduza o fogo para médio-baixo. Cozinhe por 5 a 7 minutos, mexendo de tempos em tempos, até que o molho tenha reduzido um pouco e esteja espesso o bastante para cobrir as costas de uma colher.

5 Cozinhe a massa na panela de água fervente de acordo com as instruções da embalagem até ficar al dente. Reserve ½ xícara do líquido do cozimento e escorra a massa. Devolva a massa na panela grande.

6 Junte o molho de cogumelos, as 2 colheres (sopa) de manteiga restantes, ¼ de xícara da água do macarrão, metade da salsinha e metade do queijo ralado. Cozinhe em fogo baixo, mexendo por cerca de 1 minuto, até que a manteiga e o queijo se incorporem à mistura e o molho esteja cobrindo toda a massa. Se o molho estiver espesso demais, coloque o ¼ de xícara restante da água de macarrão, uma colherada por vez.

7 Distribua a massa com o molho em 4 pratos fundos ou tigelas e finalize com o restante da salsinha e do queijo ralado.

CAMPEÕES DO BARBECUE

Banh mi de frango desfiado à moda sulista com salada de vegetais em conserva e mortadela grelhada

Durante o episódio do "Torneio de sanduíches" em *Campeões do barbecue*, a participante Tina impressiona os jurados Kevin Bludso e Melissa Cookston com seus sabores globais. No primeiro dos três desafios, Tina prepara um banh mi de inspiração sulista com frango defumado marinado em conserva de picles, vegetais em conserva e mortadela frita no lugar do tradicional patê.

Na nossa versão simplificada, grelhamos as sobrecoxas de frango e colocamos um pouco de páprica defumada tanto na marinada quanto na carne antes de grelhar. Uma salada crocante tipo coleslaw com vegetais em conserva, chalotas fritas crocantes, bastante coentro fresco e mortadela grelhada completam o sanduíche. Como ambos os jurados eram fãs de maionese, sinta--se à vontade para colocar mais se quiser!

RENDIMENTO: 4 porções
PRÉ-PREPARO: 30 minutos, mais 4 horas de marinada
COZIMENTO: 30 minutos

COLESLAW CROCANTE

1 colher (sopa) de açúcar cristal

¾ de colher (chá) de sal

2 colheres (sopa) de vinagre de arroz

1 cenoura média descascada e ralada grosseiramente

4 rabanetes aparados e ralados grosseiramente

½ repolho pequeno (cerca de 230 g)

3 talos de cebolinha aparados e cortados em fatias finas

2 colheres (sopa) de óleo vegetal

1 colher (chá) de óleo de gergelim torrado

Pimenta-preta moída na hora

FRANGO DESFIADO

2 pimentas jalapeño

900 g de sobrecoxas de frango desossadas e sem pele

2 dentes de alho esmagados

1 pedaço de 1,5 cm de gengibre fresco cortado em fatias finas

1 xícara de líquido de conserva para picles com endro

2 colheres (chá) de páprica defumada, separadas

Pimenta moída na hora

Óleo vegetal para cozinhar

Sal

12 fatias de mortadela

2 baguetes

½ xícara de maionese

⅓ de xícara de cebolas fritas compradas prontas

1 maço pequeno de coentro fresco (cerca de 15 g)

Molho sriracha para servir

>>a receita continua na próxima página

"Sou um baita de um sanduíche de churrasco."

—MELISSA COOKSTON

>>Banh mi de frango desfiado à moda sulista (continuação)

1 **Para marinar o frango:** Corte uma das pimentas jalapeño ao meio e remova o talo e as sementes (reserve a segunda pimenta para o passo 7). Seque as sobrecoxas com batidinhas de papel-toalha e coloque-as em um saco plástico grande com fecho hermético, juntando o alho, o gengibre, a pimenta cortada ao meio, o líquido de conserva, 1 colher (chá) de páprica defumada e um pouco de pimenta-preta. Pressione para tirar o máximo de ar possível e sele o saco. Leve à geladeira e deixe marinar por 4 horas. (Se um dia tiver a chance de participar do *Campeões do barbecue*, você terá que aceitar marinar por menos tempo.)

2 **Para fazer o coleslaw:** Em uma tigela média, misture o açúcar, o sal e o vinagre com um batedor de arame até dissolver todo o açúcar e o sal. Coloque a cenoura e o rabanete na mesma tigela e use a mão para espremer os vegetais levemente algumas vezes. Deixe em temperatura ambiente por 5 minutos. (Os vegetais, nessa etapa, podem ser refrigerados por até 1 semana antes de finalizar a salada.)

3 Pique o repolho até obter o equivalente a 2 xícaras (reserve o restante para outra receita). Coloque-o na tigela que contém a conserva de cenoura e rabanete, adicionando ainda a cebolinha, o óleo vegetal e o óleo de gergelim. Misture bem e tempere a gosto com sal e pimenta.

4 **Para grelhar o frango:** Retire as sobrecoxas da marinada, descartando-a. Seque o frango com batidinhas de papel-toalha. Regue com óleo vegetal e tempere com sal, pimenta e o restante da páprica defumada.

5 Besunte uma grelha ou frigideira estriada para grelhados com um pouco de óleo e leve ao fogo médio-alto. Coloque as sobrecoxas e cozinhe por 10 a 12 minutos, virando de tempos em tempos, até que o frango esteja levemente dourado e bem cozido. Transfira o frango grelhado para uma tigela e deixe descansar por 5 a 10 minutos. (Deixe a grelha aquecida para o passo 6.)

6 Pincele as fatias de mortadela com óleo e coloque na grelha. Cozinhe por 1 a 2 minutos de cada lado, até que a mortadela esteja levemente queimada, e transfira para um prato.

7 Use dois garfos para desfiar o frango. Remova o talo e as sementes da outra pimenta jalapeño e corte em rodelas finas. Apare as pontas das baguetes e corte cada uma em dois pedaços de 15 cm. Abra cada pedaço ao meio no sentido do comprimento.

8 **Para montar os sanduíches:** Besunte os dois lados de cada baguete com maionese, depois cubra um dos lados com a mortadela grelhada, o frango desfiado, o coleslaw, as cebolas fritas e o coentro. Finalize com as rodelas de jalapeño e o molho sriracha. Feche os sanduíches.

CHEF'S TABLE

Cacio e pepe

Em 20 de maio de 2012, um terremoto sacudiu a Itália, com o epicentro perto da cidade de Módena. Por causa do terremoto e dos tremores subsequentes, 360 mil peças grandes de queijo Parmigiano Reggiano foram danificadas, ameaçando a subsistência dos queijeiros. Em um episódio do *Chef's Table*, o chef Massimo Bottura descreve uma solução que propôs ao consórcio do Parmigiano Reggiano: um risoto inspirado no famoso prato cacio e pepe, porém usando o queijo Parmigiano no lugar do queijo pecorino tradicional. Um jantar foi planejado para que pessoas do mundo todo preparassem a receita e usassem as peças de queijo danificadas. No fim das contas, 40 mil pessoas prepararam a receita, e os fabricantes de queijo foram salvos.

Cacio e pepe é uma clássica receita italiana. Há muitas variações, mas todas usam os três mesmos ingredientes básicos: queijo pecorino, massa e grãos de pimenta. Nossa receita, inspirada no chef Bottura, usa queijo Parmigiano em vez do pecorino.

RENDIMENTO: 4 porções   **PRÉ-PREPARO:** 15 minutos   **COZIMENTO:** 15 minutos    **VEGETARIANO**

2 colheres (sopa) de grãos de pimenta-preta e mais um pouco para servir

Sal

340 g de massa tipo espaguete alla chitarra ou espaguete comum

170 g de queijo Parmigiano Reggiano ralado em lascas finas

1 Aqueça uma frigideira grande em fogo médio. Coloque 2 colheres (sopa) de grãos de pimenta na frigideira e toste por 1 a 2 minutos, mexendo a frigideira de tempos em tempos até os grãos soltarem seus aromas. Transfira para uma tigela pequena. Moa os grãos em um moedor de especiarias ou esmague-os em um pilão até obter um pó fino. (Uma alternativa é usar um moedor de pimenta.)

2 Ferva uma panela grande de água salgada. Cozinhe o espaguete de acordo com as instruções na embalagem, até ficar al dente. Reserve ½ xícara da água do cozimento. Escorra a massa e imediatamente devolva para a panela. Coloque metade da pimenta moída, vários punhados generosos do queijo ralado e misture rapidamente com uma pinça culinária ou um garfo. Coloque o restante do queijo ralado em punhados grandes, sem parar de mexer. Afine o molho com a água do macarrão reservada, 1 colher (sopa) por vez, até que o queijo tenha derretido e a massa esteja coberta de um molho cremoso. Tempere a gosto com sal e mais pimenta e sirva.

ASSISTA CHEF'S TABLE

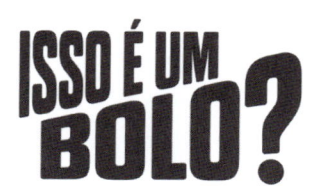

Bolo de hambúrguer

Em *Isso é um bolo?*, os participantes usam todos os recursos – além de pasta americana e ferramentas especiais – para preparar peças de confeitaria que imitam diversos objetos com perfeição, tudo na expectativa de enganar os jurados.

Nossa versão talvez não engane ninguém na sua hamburgueria favorita, mas esta combinação de "pão" de bolo de massa amarela "tostado" com creme de manteiga de caramelo salgado e "hambúrgueres" crocantes de chocolate temperados com "ketchup" de cream cheese com certeza será a estrela do seu próximo evento.

RENDIMENTO: Um bolo de 23 cm de diâmetro
PRÉ-PREPARO: 30 minutos
COZIMENTO: 2 horas e 30 minutos, mais o tempo de gelar

 VEGETARIANO

"PÃO"

Spray culinário desmoldante

1¼ xícara de farinha de trigo

1 colher (chá) de fermento químico

½ colher (chá) de bicarbonato de sódio

½ colher (chá) de cúrcuma em pó

½ colher (chá) de sal

1 laranja pequena

4 colheres (sopa) de manteiga sem sal

1 ovo grande

¾ de xícara de açúcar cristal

1 xícara de buttermilk (leitelho)

¼ de xícara de óleo vegetal

1 colher (chá) de extrato de baunilha puro

"HAMBÚRGUERES"

½ xícara de manteiga sem sal

½ xícara de cacau em pó sem açúcar

¾ de colher (chá) de sal

1 lata (400 g) de leite condensado

20 balas macias de caramelo

280 g de minimarshmallows

5 xícaras de cereal de arroz crocante sabor chocolate

"ALFACE"

2½ xícaras de flocos de coco não adoçado

Corante alimentício verde

Corante alimentício amarelo

COBERTURA DO "PÃO"

½ xícara de manteiga sem sal amolecida

1½ xícara de açúcar impalpável

¼ de xícara de calda de caramelo salgado em temperatura ambiente, e mais um pouco, se quiser

¼ de colher (chá) de extrato de baunilha puro

¼ de colher (chá) de sal

Sementes de papoula, gergelim tostado ou cereal de arroz crocante para decorar

"KETCHUP, MOSTARDA E MAIONESE"

230 g de cream cheese amolecido

½ xícara de creme azedo

½ xícara de açúcar impalpável

1 colher (chá) de extrato de baunilha puro

½ colher (chá) de sal

Corante alimentício amarelo

Corante alimentício vermelho

>>a receita continua na próxima página

>>Bolo de hambúrguer (continuação)

1 **Para fazer o "pão":** Preaqueça o forno a 180°C com uma grade na posição central. Unte uma fôrma redonda de bolo de 20 cm de diâmetro com spray culinário e forre o fundo com papel-manteiga.

2 Coloque a farinha em uma tigela média com o fermento, o bicarbonato, a cúrcuma e o sal. Misture bem com um batedor de arame. Rale a casca da laranja finamente. Coloque as raspas de laranja e a manteiga em uma panela pequena e aqueça em fogo baixo por 3 a 4 minutos, até a manteiga derreter. (Uma opção é derreter no micro-ondas.)

3 Bata o ovo e o açúcar em uma tigela grande até misturar bem e então junte a manteiga derretida, o buttermilk, o óleo, a baunilha e bata até ficar cremoso e homogêneo. Polvilhe os ingredientes secos sobre os líquidos e misture até incorporar bem. Despeje toda a massa na assadeira preparada e nivele a superfície com uma espátula.

4 Leve o bolo ao forno e asse por cerca de 35 minutos, até o bolo dourar e estar levemente elástico quando pressionado com os dedos. Retire do forno e deixe a fôrma sobre uma grade de resfriamento por 10 minutos. Desenforme o bolo, virando-o sobre outra grade de resfriamento, e aí vire o bolo de cabeça para cima sobre a primeira grade. Deixe esfriar completamente.

5 **Para fazer os "hambúrgueres":** Forre duas assadeiras com papel--manteiga e desenhe um círculo de 23 cm de diâmetro em cada papel. Cubra as assadeiras levemente com spray culinário desmoldante e reserve.

6 Misture a manteiga com o cacau em pó em uma panela grande. Aqueça em fogo baixo por 3 a 4 minutos, mexendo com um batedor de arame até derreter a manteiga. Junte o sal, o leite condensado e misture bem. Em seguida acrescente as balas de caramelo e continue mexendo até derreter todas. (A mistura pode parecer um pouco separada, mas isso não é um problema.)

7 Adicione os marshmallows e desligue o fogo. Misture até começar a derreter e então, trabalhando rapidamente, incorpore o cereal de arroz crocante.

8 Espalhe metade da mistura dentro do círculo riscado em cada folha de papel-manteiga. Use uma espátula para achatar a mistura e formar um disco uniforme. Deixe esfriar em temperatura ambiente por cerca de 45 minutos, até ficar firme.

9 **Para fazer a "alface":** Use um saco plástico grande com fecho hermético para misturar os flocos de coco, 6 gotas de corante verde, 3 gotas de corante amarelo e 1 colher (chá) de água. Sele o saco e agite para mesclar as cores e tingir o coco. Coloque uma ou duas gotas a mais de corante, se necessário. Espalhe a "alface" em um prato para secar.

10 **Para fazer a cobertura do "pão":** Use uma batedeira portátil em velocidade média para bater a manteiga em uma tigela média por cerca de 5 minutos, raspando as laterais da tigela conforme necessário, até a manteiga ficar leve e aerada. Acrescente metade do açúcar impalpável e bata em velocidade baixa até incorporar por completo. Repita com o restante do açúcar impalpável. Aumente a velocidade da batedeira para média-alta e bata por 3 minutos, até a mistura ficar bem leve e aerada. Acrescente ¼ de xícara da calda de caramelo, a baunilha e o sal, batendo em velocidade média só até misturar tudo. Prove a cobertura, acrescentando 1 ou 2 colheres (sopa) de calda de caramelo ou mais ½ colher (chá) de sal, se quiser. Transfira essa cobertura para uma tigela média. Limpe a tigela usada e os batedores e reserve para o passo 11.

11 **Para fazer o "ketchup", a "mostarda" e a "maionese":** Coloque o cream cheese na tigela reservada. Use a batedeira portátil e bata em velocidade média por 3 a 4 minutos, até ficar leve e aerado. Junte o creme azedo e bata em velocidade média por 2 a 3 minutos, até incorporar, raspando as laterais da tigela conforme necessário. Acrescente metade do açúcar impalpável e bata em velocidade baixa por 1 a 2 minutos, até incorporar. Acrescente o restante do açúcar impalpável, a baunilha e o sal. Bata em velocidade baixa por 1 a 2 minutos, até incorporar o açúcar. Aumente a velocidade para média-alta e bata por 2 a 3 minutos, até ficar bem leve e aerada.

12 Divida a cobertura de cream cheese em três tigelas. Coloque o corante amarelo na primeira tigela, 1 ou 2 gotas por vez, para fazer a "mostarda". Coloque algumas gotas de corante vermelho e 1 gota do amarelo na segunda tigela para atingir o vermelho alaranjado do ketchup. Se necessário, acrescente mais corante vermelho e amarelo, 1 gota ou 2 por vez. Não coloque nenhum corante na terceira tigela, pois a cobertura desta será usada como "maionese".

13 **Para montar:** Use uma faca serrilhada para dividir o bolo em duas camadas. Espalhe uma camada fina do creme de manteiga de caramelo no "pão superior" de topo mais arredondado, e pelas laterais da camada do "pão de baixo". Deixe na geladeira por 15 minutos, até endurecer a primeira camada da cobertura, que serve como camada protetora.

14 Espalhe o restante do creme de caramelo pelas laterais do bolo inferior e por cima do bolo superior. Salpique o topo com sementes de papoula, gergelim ou cereal de arroz crocante. Transfira o bolo inferior cuidadosamente para um suporte de bolo.

15 Espalhe a cobertura branca de cream cheese por cima do bolo inferior, girando com uma espátula e deixando escorrer um pouco pelas bordas. Cubra essa camada com um terço da "alface". Cubra com um dos "hambúrgueres" de chocolate. Espalhe a cobertura vermelha de cream cheese por cima do hambúrguer e cubra com mais um terço da "alface". Coloque o segundo "hambúrguer", cubra com a cobertura amarela e o restante da "alface". Cubra com o bolo superior. Leve à geladeira por 15 minutos antes de servir.

Família na cozinha

4

Reúna seus entes queridos para uma refeição enquanto assiste a um destes programas de temática familiar.

REUNIÃO DE
Família

Bolo de milho com pêssego

No primeiro episódio de *Reunião de família*, Ami McKellan esconde o bolo de milho de M'Dear debaixo da mesa quando o tio Daniel está passando pela casa. O tio Daniel pode ter levado boa parte da comida que estava na mesa para um encontro que tinha naquela noite, mas ainda havia uma travessa inteira de bolo de milho e uma tigela cheia do pavê de banana delicioso da M'Dear para aproveitar.

O bolo de milho do sul dos Estados Unidos costuma não levar açúcar, e esse deve ser o caso da receita da M'Dear. O estado da Geórgia (onde fica Columbus, a cidade em que se passa a série) é famoso por seus pêssegos, então nos inspiramos nisso para fazer uma versão levemente adoçada do bolo de milho, com pedaços de pêssegos suculentos incorporados na massa. Finalizamos o bolo com bastante manteiga quente com mel. Embora menos típico, este bolo delicioso seria provavelmente um sucesso na casa da M'Dear e, quem sabe, na sua próxima reunião de família também.

RENDIMENTO: 1 bolo de 20 cm de diâmetro   **PRÉ-PREPARO:** 10 minutos   **COZIMENTO:** 40 minutos

 **VEGETARIANO**

11 colheres (sopa) de manteiga sem sal, separadas

2 pêssegos grandes (280 g a 340 g)

1 xícara mais 1 colher (sopa) de farinha de trigo, separadas

1 xícara de fubá, de preferência moído em moinho de pedra

2 colheres (chá) de fermento químico

1 colher (chá) de sal

2 ovos grandes

1¼ xícara de buttermilk (leitelho)

5 colheres (sopa) de mel, separadas

Uma pitada de pimenta-calabresa em flocos

Sal e pimenta-preta moída na hora

1 Coloque uma frigideira de ferro fundido de 20 cm na grade central do forno e preaqueça-o a 220°C. Coloque 5 colheres (sopa) da manteiga em uma tigela e espere amolecer. Coloque as 6 colheres (sopa) restantes de manteiga em uma tigela refratária pequena. Aqueça no micro-ondas em potência alta, 30 segundos por vez, até derreter.

2 Descasque os pêssegos, se quiser, e corte em cubos de 1,5 cm. Transfira para uma tigela média e misture com 1 colher (sopa) da farinha.

3 Em uma tigela grande, coloque o fubá, o restante de farinha, o fermento e o sal, misturando com um batedor de arame até ficar homogêneo. Quebre os ovos em outra tigela média e bata com um batedor de arame até misturar bem as claras com as gemas. Junte o buttermilk, 3 colheres (sopa) do mel e a manteiga derretida e bata até ficar homogêneo. Despeje os ingredientes líquidos sobre os ingredientes secos e misture até incorporar bem. Adicione o pêssego.

4 Tire a frigideira quente do forno com cuidado. Coloque 1 colher (sopa) da manteiga amolecida na frigideira e pincele a manteiga no fundo e nas laterais da frigideira. Despeje a massa do bolo de milho e nivele a superfície com uma espátula.

5 Leve o bolo ao forno e abaixe a temperatura para 200°C. Asse por 25 a 30 minutos, até que a massa esteja levemente dourada por cima e um palito inserido no centro saia limpo. Retire do forno e deixe esfriar um pouco.

6 Enquanto o bolo assa, coloque as 4 colheres (sopa) restantes da manteiga amolecida em uma tigela pequena e misture com as 2 colheres (sopa) restantes do mel, uma ou duas pitadas de pimenta-calabresa (dependendo da sua preferência), uma pitada de sal e um pouco de pimenta-preta. Misture até ficar homogêneo e coloque mais sal, pimenta ou pimenta-calabresa a gosto. Corte o bolo em fatias e sirva acompanhado da manteiga quente com mel.

ROMA

Sanduíche de peru

Em *Roma*, filme vencedor do Oscar, Cleo e sua amiga encontram seus namorados e comem uma torta – um tipo de sanduíche – em La Casa del Pavo. Embora *Roma* se passe no início dos anos 1970, o restaurante ainda existe e serve um menu que inclui os sanduíches de peru braseado que Cleo e sua amiga podem ter compartilhado.

Muitas receitas de *torta* de peru usam peru assado, mas a versão do La Casa del Pavo usa carne de peru braseado condimentado. Em nosso sanduíche inspirado em *Roma*, braseamos sobrecoxas de peru com osso e pele com especiarias, frutas cítricas e chiles de árbol até que a carne fique muito macia e saborosa. (Você também pode usar o peso equivalente em coxas de peru inteiras.) A carne é resfriada, desfiada e colocada em pães macios com abacate fatiado, cebola picada, coentro, salsa verde e pimenta jalapeño em conserva.

RENDIMENTO: 4 sanduíches
PRÉ-PREPARO: 30 minutos
COZIMENTO: 3 horas

PERU BRASEADO

4 sobrecoxas de peru com osso e pele (cerca de 2,3 kg)

1 colher (sopa) de sal, porcionada conforme receita

2 colheres (chá) de páprica defumada

1 colher (chá) de cominho em pó

½ colher (chá) de pimenta-preta moída na hora

1 colher (sopa) de óleo vegetal

1 cebola cortada ao meio e em fatias finas

4 dentes de alho descascados e esmagados

1 laranja média cortada em rodelas finas

2 limões, um cortado em rodelas finas e o outro inteiro

1 pimenta chipotle em molho adobo, cortada em fatias finas

4 folhas de louro

1 colher (sopa) de orégano seco

2 colheres (chá) de páprica

2 paus de canela inteiros

2 pimentas mexicanas secas tipo chile de árbol

6 xícaras de caldo de frango com baixo teor de sódio

SANDUÍCHES

4 pães mexicanos tipo telera

2 abacates maduros, sem caroço, cortados ao meio e em fatias finas

1 cebola branca pequena bem picada

1 maço pequeno de coentro fresco bem picado (cerca de 15 g)

Molho tipo salsa verde para servir

Conserva de pimentas jalapeño e cenoura para servir

1 **Para brasear o peru:** Seque as sobrecoxas com batidinhas de papel--toalha. Em uma tigela pequena, misture 2 colheres (chá) do sal, a páprica, o cominho e a pimenta. Tempere a carne por todos os lados com essa mistura de temperos, dando leves batidinhas para o tempero grudar.

2 Aqueça o óleo em uma panela grande de ferro ou cerâmica em fogo médio-alto. Coloque as sobrecoxas na panela com a pele para baixo. Cozinhe por 10 a 12 minutos, mudando a panela de posição conforme necessário para cozinhar os pedaços por igual, até que a pele esteja bastante dourada.

3 Depois de dourar a pele das sobrecoxas, vire os pedaços e junte a cebola e o alho. Continue cozinhando em fogo médio-alto por 3 a 4 minutos, raspando os pedacinhos tostados do fundo da panela com uma colher de pau, até que a cebola fique macia e o alho esteja aromático.

4 Coloque também na panela as rodelas de laranja e limão, a pimenta chipotle, o louro, o orégano, a páprica, a canela, as pimentas mexicanas e o caldo de frango. Espere ferver, tampe parcialmente e reduza o fogo. Cozinhe por 2 horas a 2 horas e meia, até que a carne esteja bem macia.

5 Transfira os pedaços de carne para um prato e deixe descansar por 10 minutos, até que estejam frios o bastante para manusear. Passe o líquido do cozimento por um coador fino. Descarte os sólidos e reserve o líquido para o passo 6.

6 Solte a carne dos ossos e coloque-a em uma tigela (reserve a pele e os ossos para fazer um caldo ou descarte-os). Junte ¼ de xícara do líquido do cozimento (veja uma dica na caixa "Para acelerar" sobre o que fazer com o que sobrar do líquido). Tempere a carne com sal e pimenta a gosto e cubra para manter aquecida.

7 **Para montar os sanduíches:** Distribua a carne de peru pelos pães e regue com o suco do limão inteiro que sobrou. Faça camadas de abacate, cebola e coentro por cima da carne. Coloque uma colherada de salsa verde e sirva com conserva de pimentas jalapeño e cenouras, seja dentro do sanduíche, seja como acompanhamento.

▶▶ Para acelerar

Dica profissional: Depois de brasear as sobrecoxas de peru, você terá um líquido encorpado e saboroso. Refrigere esse líquido e guarde para usar como base para sua próxima sopa de frango com tortilha ou para um chili. Uma alternativa é temperar o líquido com sal a gosto e bebericar como um caldo nutritivo e reconfortante.

OŻARK

Panquecas para o jantar

No seu último jantar juntos na terceira temporada de *Ozark*, Wendy e o irmão, Ben, pedem panquecas e bacon em uma lanchonete. Depois de perguntar o que Ben espera do futuro, ela o abandona no restaurante, deixando-o à própria sorte nas mãos de Nelson. Você com certeza precisará de uma caixa de lenços para os episódios que vêm depois desse e também precisará de uma pilha destas panquecas à moda dos *diners* dos Estados Unidos. O bacon é opcional, mas Ben acharia bacana se você o incluísse na receita.

O malte em pó traz o sabor típico dos *diners*, mas, se não conseguir encontrar ou preferir não usar, pode substituir por 3 colheres (sopa) de açúcar cristal e mais ½ colher (chá) de extrato de baunilha.

RENDIMENTO: 4 porções   **PRÉ-PREPARO:** 10 minutos   **COZIMENTO:** 25 minutos

🌿 **VEGETARIANO**   (sem o bacon opcional)

2 xícaras de farinha de trigo

¼ de xícara de malte em pó

2 colheres (chá) de fermento químico

1 colher (chá) de bicarbonato de sódio

1 colher (chá) de sal

4 colheres (sopa) de manteiga sem sal e mais um pouco para servir

2 ovos grandes

3 xícaras de buttermilk (leitelho)

½ colher (chá) de extrato de baunilha puro

Óleo vegetal para cozinhar

Xarope de bordo (maple syrup) ou outra calda para servir

Bacon crocante para servir (opcional)

1 Em uma tigela média, coloque a farinha, o malte, o fermento, o bicarbonato e o sal e misture com um batedor de arame até ficar uniforme. Coloque 4 colheres (sopa) de manteiga em uma travessa refratária pequena e aqueça em potência alta, 30 segundos por vez, até derreter.

2 Quebre os ovos em uma tigela grande e bata até ficar homogêneo. Coloque o buttermilk, a baunilha e bata até incorporar. Polvilhe os ingredientes secos sobre os líquidos e misture com uma espátula de silicone até incorporar bem; a massa vai ficar com alguns grumos. Coloque a manteiga derretida na mesma tigela e misture novamente até incorporar tudo. Deixe a massa descansar em temperatura ambiente por 15 minutos.

3 Preaqueça o forno na configuração mais baixa, em geral entre 80°C e 95°C, com uma grade na posição central. Coloque uma assadeira rasa próxima do fogão.

4 Pincele com óleo uma chapa que cubra dois queimadores ou uma frigideira de ferro fundido e aqueça em fogo médio. Despeje porções de ½ xícara da massa na chapa quente com 5 cm de distância entre elas. Depois de cerca de 2 minutos, quando bolhas começarem a se formar na superfície e as bordas tiverem firmado, vire as panquecas e cozinhe por mais 1 minuto, até que o outro lado esteja dourado e a panqueca esteja completamente cozida. Transfira as panquecas para a assadeira e mantenha-as aquecidas no forno. Repita com o restante da massa, untando a frigideira ou chapa entre cada leva. Tome cuidado: o tempo de cozimento se tornará mais curto conforme a chapa fica mais quente. Se as panquecas estiverem dourando muito rápido, reduza o fogo para médio-baixo.

5 Sirva as panquecas com o xarope, mais manteiga e bacon se quiser.

ON MY BLOCK

Pozole vermelho do Ruby

- 900 g de paleta suína desossada
- 450 g de costelinha suína
- Sal e pimenta-preta moída na hora
- Óleo vegetal para cozinhar
- 2 cebolas brancas grandes, divididas conforme a receita
- 9 dentes de alho, separados
- 3 folhas de louro
- 1½ colher (chá) de orégano seco
- 1 maço grande de coentro fresco (cerca de 30 g), dividido conforme a receita
- 1 maço pequeno de hortelã fresca (cerca de 7 g)
- 6 pimentas secas tipo guajillo, sem talo nem sementes
- 4 pimentas secas tipo ancho, sem talo nem sementes
- ½ xícara de gelo
- 1 lata (cerca de 800 g) de milho de canjica em conserva
- ¼ de alface-americana ou repolho branco (cerca de 115 g)
- 6 rabanetes cortados em fatias finas
- 2 limões cortados em gomos
- 1 abacate maduro descascado, sem caroço e cortado em fatias de 5 mm
- 2 xícaras de tiras ou chips de tortilha

Na comédia dramática adolescente *On My Block*, os amigos Monse, César, Ruby e Jamal enfrentam desafios de todos os tipos conforme se preparam para começar o ensino médio. Para Ruby, a alegria de ter o próprio quarto depois que o irmão mais velho foi embora para fazer faculdade acaba de forma repentina. Ruby mal havia começado a imaginar as possibilidades quando sua mãe anuncia que sua *abuelita* e suas estatuetas de presépio em tamanho real também se mudariam para o mesmo quarto. Mas a presença dela se torna um alento conforme os dois se aproximam.

Uma tigela deste pozole nutritivo e extremamente reconfortante lhe dará energias para qualquer drama adolescente – seja o que você vive pessoalmente, seja o que vê na TV. O pozole leva um tempo para ser preparado, mas, assim como chegar aos episódios finais das quatro temporadas incríveis de *On My Block*, vale totalmente a pena.

RENDIMENTO: 4 porções   **PRÉ-PREPARO:** 1 hora
COZIMENTO: 3 horas e 45 minutos

 SEM GLÚTEN

1   Seque a paleta suína com batidinhas de papel-toalha e corte a carne em pedaços de 5 cm. Seque a costelinha da mesma forma e tempere tanto a paleta quanto a costelinha por todos os lados com sal e pimenta. Aqueça 1 colher (sopa) do óleo em uma panela grande de ferro ou cerâmica em fogo médio-alto. Trabalhe em levas separadas, cozinhando os pedaços de paleta por 7 a 8 minutos, até que estejam dourados por todos os lados. Repita com o restante da paleta e depois com a costelinha, colocando mais óleo se necessário.

2   Descasque uma das cebolas e corte em quartos. Descasque os dentes de alho e esmague levemente com uma faca.

3   Coloque toda a carne dourada de volta na panela com os quartos de cebola, 6 dentes de alho, o louro, o orégano, metade do coentro e toda a hortelã. Coloque água fria o suficiente para cobrir a carne em 2,5 cm. Tampe e deixe ferver. Reduza para fogo baixo e cozinhe por 2 a 2 horas e meia, até que a carne esteja muito macia e soltando do osso.

4   Enquanto isso, aqueça uma frigideira média em fogo médio. Coloque metade das pimentas guajillo e ancho na frigideira e cozinhe por 1 a 2 minutos, mexendo de tempos em tempos, até que estejam tostadas e aromáticas. Transfira para uma tigela média e repita o processo com as outras pimentas.

>>a receita continua na próxima página

77

>>Pozole vermelho do Ruby (continuação)

5 Cubra com água fervente as pimentas tostadas e deixe em temperatura ambiente por cerca de 25 minutos, até que amoleçam. Descasque a segunda cebola branca e pique bem.

6 Assim que a carne estiver macia, use uma colher vazada para transferir os pedaços de paleta e a costelinha para um prato. Quando a carne estiver numa temperatura que permita o manuseio, solte-a dos ossos e descarte o excesso de gordura.

7 Posicione um escorredor sobre uma tigela refratária, escorra o líquido do cozimento e descarte os sólidos. Coloque o gelo no caldo e deixe descansar por 5 minutos. Escume toda a gordura ou o óleo que venha à superfície do caldo. Reserve a panela do cozimento para o passo 9.

8 Use uma colher vazada para transferir as pimentas amolecidas para o liquidificador ou processador de alimentos e descarte o líquido da demolha. Acrescente ½ xícara da cebola picada, os 3 dentes de alho restantes, ⅔ de xícara do caldo de porco desengordurado e 1 colher (chá) de sal. Bata até ficar bem liso, uniforme e com textura de purê de maçã, adicionando mais caldo, 1 colher (sopa) por vez, conforme necessário para ajustar. Coloque um coador de malha fina em cima de uma tigela média. Passe a pasta de pimenta pelo coador, pressionando os sólidos para ajudar a passar o líquido. Descarte os sólidos que sobrarem.

9 Aqueça 1 colher (sopa) de óleo em fogo médio-baixo na panela do cozimento que foi reservada. Coloque a pasta de pimenta e cozinhe por 5 a 7 minutos, mexendo de tempos em tempos, até que engrosse um pouco e fique aromático.

10 Escorra a canjica, coloque na panela e adicione 2 litros do caldo de porco. Espere ferver e abaixe para fogo médio. Cozinhe por cerca de 20 minutos, mexendo de tempos em tempos, até o caldo reduzir um pouco e a canjica estar quente. Tempere o caldo com sal e pimenta a gosto. Coloque a carne de porco nessa panela, junto com os sucos que tenham se acumulado, e cozinhe por 5 a 10 minutos, até aquecer a carne.

11 Enquanto o porco está cozinhando em fervura branda, fatie finamente a alface ou o repolho. Use uma concha para distribuir o pozole em quatro tigelas rasas e finalize na mesa com o restante da cebola picada, os rabanetes fatiados, os gomos de limão, o abacate, a alface e os pedaços de tortilha crocante.

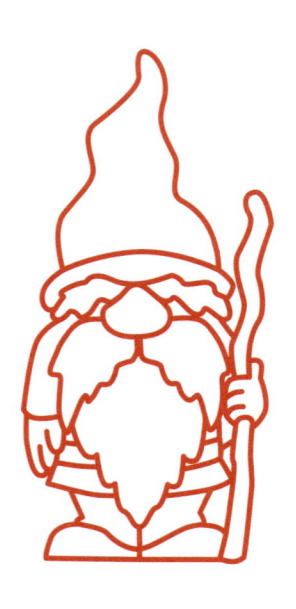

DIA DO SIM

Parfait explode-tripa

No filme *Dia do sim*, a família Torres aceita o desafio de uma sorveteria local para comer um sundae gigante inteiro em apenas 30 minutos. Quando as crianças começam a ficar cheias, os pais de Allison e Carlos, que sempre dizem "não", dizem "sim" para o sundae e conseguem terminar as últimas colheradas.

Na nossa interpretação do sundae "explode-tripa", criamos uma incrível sobremesa híbrida e meio doida, algo entre um sundae e um pavê, intercalando bolas de sorvete com chantili e confete, biscoitos quebrados, balas e muito mais. E isso dá para quantas pessoas? Bem, imaginamos que umas oito ou mais em um dia normal, mas... no seu próprio *Dia do sim*? Provavelmente quatro.

RENDIMENTO: 8 porções
PRÉ-PREPARO: 25 minutos, mais tempo para gelar
COZIMENTO: 20 minutos

 VEGETARIANO   **CONTÉM CASTANHAS**

500 ml de sorvete de chocolate

500 ml de sorvete de morango

500 ml de sorvete de caramelo

12 biscoitos recheados sabor manteiga de amendoim

12 biscoitos recheados sabor chocolate

12 biscoitos amanteigados

500 ml de creme de leite fresco com alto teor de gordura

⅓ de xícara de creme azedo

¾ de xícara de granulado colorido, dividido conforme a receita

1 xícara de amendoim tostado com mel

1 xícara de confeitos de chocolate

1 xícara de minimarshmallows

1 xícara de calda quente de chocolate

1 xícara de calda de caramelo salgado

Cerejas em calda de marasquino para decorar

1 Forre uma assadeira rasa com papel-manteiga. Use um boleador de sorvete de ¼ de xícara para fazer bolas de todo o sorvete de chocolate e coloque-as na assadeira. Deixe no congelador por 10 minutos e então repita o processo com o sorvete de morango e o de caramelo. Congele todas as bolas de sorvete por 15 a 20 minutos, até que estejam firmes.

2 Reserve 3 biscoitos de cada tipo para decorar. Coloque o restante dos biscoitos em um saco plástico grande com fecho hermético. Feche o saco e use um rolo de massa para esmagar os biscoitos grosseiramente.

3 Coloque o creme de leite em uma tigela grande (ou na tigela de uma batedeira com o batedor de arame acoplado) e bata em velocidade média por cerca de 5 minutos, até formar picos moles. Junte o creme azedo e bata até formar picos firmes. Incorpore ½ xícara do granulado colorido.

4 Monte a sobremesa em uma taça grande para pavê, com capacidade para aproximadamente 3 litros. Faça uma camada com ⅓ dos biscoitos quebrados e cubra com ⅓ das bolas de sorvete. Cubra a camada de sorvete com ¼ de xícara (cada) de amendoim, confeitos de chocolate e marshmallows. Regue com ¼ de xícara de calda quente de chocolate e calda de caramelo e coloque uma colherada do chantili por cima. Repita para fazer mais duas camadas de biscoito, sorvete, amendoim, confeitos, marshmallows, calda de chocolate, calda de caramelo e chantili.

5 Decore o topo do sundae gigante com os biscoitos reservados, o restante dos amendoins, dos confeitos, dos marshmallows e das caldas. Finalize com o ¼ de xícara restante do granulado e quantas cerejas em calda quiser. Coma imediatamente, seja direto da taça ao estilo do *Dia do sim*, seja servindo colheradas em taças individuais.

Sabores do mundo

A Netflix está disponível em mais de 190 países, e contemplamos alguns deles neste variado bufê de receitas.

ESPANHA: LA CASA DE PAPEL — Salada espanhola de melão e hortelã

COREIA DO SUL: UMA ADVOGADA EXTRAORDINÁRIA — Haengbok Noodles

FRANÇA: EMILY EM PARIS — Coq au vin do Gabriel

ÍNDIA: COISAS DA VIDA — Bhaji de cebola

ALEMANHA: DARK — Spaetzle torcido de forno

MESOAMÉRICA: MAYA E OS 3 GUERREIROS — Salada de abacate, milho e tomate

REINO UNIDO: HEARTSTOPPER — Fish and chips de aquecer o coração

SUÉCIA: YOUNG ROYALS — Espaguete com almôndegas suecas veganas

EUA: THE RANCH — Denver steak com champignon

MÉXICO: NARCOS: MÉXICO — Coquetel de michelada com pimenta

LA CASA DE PAPEL

Salada espanhola de melão e hortelã

Repleta de ingredientes espanhóis clássicos – presunto cru, vinagre de xerez e amêndoas Marcona –, esta salada é um equilíbrio perfeito entre doce e salgado, crocante e suculento. O prato também é um ótimo acompanhamento para *La casa de papel*, o emocionante suspense cuja primeira temporada gira em torno de oito ladrões talentosos que planejam um roubo elaborado à Casa da Moeda da Espanha. A história vai ficando cada vez mais alucinante e memorável, provando que as melhores histórias podem vir de todos os lugares e entreter audiências do mundo todo. *La casa de papel* é um dos títulos mais populares da Netflix de todos os tempos.

Este prato fica delicioso com figos frescos, mas, se não conseguir encontrá-los, pedaços de tomate maduro são ótimos substitutos.

RENDIMENTO: 4 porções   **PRÉ-PREPARO:** 10 minutos   **COZIMENTO:** 5 minutos    **SEM GLÚTEN**

2 colheres (sopa) e 2 colheres (chá) separadas de azeite de oliva extravirgem

60 g de presunto cru ibérico ou italiano

1½ colher (chá) de vinagre de xerez

Sal e pimenta-preta moída na hora

½ melão tipo cantaloupe pequeno (cerca de 650 g)

500 g de figos frescos

1 maço pequeno de hortelã fresca (cerca de 15 g) para finalizar

60 g de amêndoas tipo Marcona (ou amêndoas tostadas salgadas), picadas grosseiramente

1 Aqueça 2 colheres (chá) de azeite em uma frigideira antiaderente média. Coloque o presunto cru na frigideira, formando uma camada uniforme. Frite por aproximadamente 3 minutos, virando de tempos em tempos, até dourar em alguns pontos e começar a ficar crocante. Transfira para um prato forrado com papel-toalha e deixe esfriar. Quebre as tiras de presunto já frias em pedaços menores.

2 Coloque o vinagre em uma tigela média. Use um batedor de arame para incorporar 2 colheres (sopa) de azeite despejadas em um fio lento e contínuo e depois tempere com sal e pimenta a gosto.

3 Use uma faca afiada para remover a casca do melão com cuidado e descarte as sementes. Corte o melão em cubos de 2,5 cm. Retire os talos dos figos e depois corte cada um ao meio no sentido do comprimento (corte em quartos se forem grandes). Separe as folhas de hortelã dos talos e rasgue em pedaços menores.

4 Disponha os pedaços de melão e os figos em uma travessa e regue com o molho. Espalhe as tiras de presunto crocante e as amêndoas por cima e finalize com a hortelã. Tempere com sal e pimenta e regue com mais um pouco de azeite.

Uma Advogada Extraordinária

Haengbok Noodles

Durante o episódio "A noite azul de Jeju II" da série sul-coreana *Uma advogada extraordinária*, o advogado supervisor Jung passa mal durante uma sessão no tribunal e recebe o diagnóstico de câncer no estômago. Ele diz à equipe que a única coisa que ele tem vontade de comer é o macarrão do restaurante Haengbok Noodles. Ao encontrar o restaurante fechado por motivos misteriosos, Young-woo e seus colegas advogados saem em busca do proprietário. Depois de muitas investigações infrutíferas, encontram o homem cozinhando em um templo local e elaboram um plano para recuperar seu restaurante. Grato pela ajuda, o proprietário prepara o macarrão para toda a equipe, e o prato é exatamente como o advogado Jung lembrava.

Mais do que um mero gancho para o enredo, o macarrão com carne de Jeju (um prato sul-coreano preparado com carne suína) é um prato que existe mesmo, delicioso e muito procurado. Assim como a busca pelo Haengbok Noodles, o preparo desta receita de fato leva algum tempo, mas vale muito a pena. Primeiro, temos que aferventar os ossos lentamente com ingredientes aromáticos por 8 horas, um processo que pode ser feito em uma panela elétrica para facilitar. O caldo pode ser preparado com bastante antecedência e congelado para ser usado em até um mês. Quando o caldo está pronto, cozinhamos nele a barriga de porco lentamente, até ficar bem macia. A carne fatiada é servida sobre o macarrão fresco de textura elástica e com conchas generosas do reconfortante caldo de carne. Finalizamos com pasta de pimenta, cenoura ralada e cebolinha fatiada.

RENDIMENTO: 4 porções   **PRÉ-PREPARO:** 30 minutos
COZIMENTO: 9 horas e 30 minutos

CALDO DE PORCO

450 g de ossos de porco

1¼ xícara de saquê mirin, porcionada conforme a receita

1 cebola branca grande, cortada em quartos

6 dentes de alho

4 folhas de louro

7 grãos de pimenta-preta

BARRIGA DE PORCO

450 g de barriga suína

2 cebolinhas aparadas

3 dentes de alho descascados e esmagados

2 colheres (chá) de sal e mais um pouco para temperar

Pimenta-preta moída na hora

PASTA DE PIMENTA

2 dentes de alho bem picados

1 colher (sopa) de gochugaru (pimenta em pó coreana) e mais um pouco para finalizar

1½ colher (chá) de gochujang (pasta de pimenta coreana)

1 colher (sopa) de saquê mirin

1 colher (chá) de molho de soja (shoyu)

Pimenta-preta moída na hora

6 cebolinhas

2 cenouras médias

230 g de macarrão fino de trigo, como o macarrão coreano somyeon

1 **Para fazer o caldo de porco:** Coloque os ossos e ¼ de xícara do saquê mirin em uma panela grande. Despeje água fria até cobrir 5 cm acima dos ossos. Leve à fervura em fogo alto e cozinhe por 5 minutos. Escorra os ossos e enxágue em água fria.

2 Coloque a cebola e os ossos em uma panela elétrica de cozimento lento e acrescente o alho, o louro, os grãos de pimenta e o restante do saquê. Cubra com 3,5 litros de água fria. Cozinhe o caldo em temperatura baixa por 8 horas.

3 Encaixe um escorredor em cima de uma panela grande. Coe o caldo com cuidado para dentro da panela e descarte os ossos, a cebola, o alho, o louro e os grãos de pimenta.

4 **Para cozinhar a barriga de porco:** Leve a panela com o caldo ao fogo alto. Tampe e espere ferver. Coloque a barriga de porco no caldo com cuidado. Ferva por 10 minutos, reduza para fogo médio, tampe e cozinhe em fervura branda por 20 minutos.

>>a receita continua na próxima página

>>Haengbok Noodles (continuação)

5 Depois de cozinhar a carne por 20 minutos, junte a cebolinha, o alho, 2 colheres (chá) de sal e pimenta-preta a gosto. Tampe a panela e cozinhe em fogo médio por 20 a 30 minutos, até que a carne esteja macia. Transfira a barriga de porco cozida para uma tábua de corte e deixe descansar por 5 a 10 minutos, até esfriar o suficiente para fatiar. Descarte as cebolinhas e o alho. Tempere o caldo com sal e pimenta a gosto.

6 **Para fazer a pasta de pimenta:** Em uma tigela pequena, misture o alho com 1 colher (sopa) do gochugaru, o gochujang, o saquê, o molho de soja e 1 colher (sopa) do caldo de porco. Misture bem e tempere com um pouco de pimenta-preta.

7 **Para preparar as guarnições e cozinhar o macarrão:** Corte a cebolinha em fatias finas. Apare e descasque as cenouras; corte-as em tiras finas ou rale com a parte grossa de um ralador. Ferva uma panela média de água salgada. Coloque o macarrão na água e cozinhe por cerca de 3 minutos, até ficar macio e com textura elástica ao mastigar. Escorra o macarrão e enxágue com água fria para interromper o cozimento.

8 Corte a barriga de porco em fatias finas. Divida o macarrão entre 4 *bowls*. Coloque os pedaços de barriga por cima e use uma concha para cobrir com um pouco de caldo. Finalize com a cebolinha, a cenoura e uma pitada de gochugaru. Sirva com a pasta de pimenta para acompanhar, colocando no macarrão a gosto.

EMILY EM PARIS
Coq au vin do Gabriel

Emily em Paris é uma série focada em uma mulher que busca conciliar o trabalho com suas amizades e romances. Mas também é sobre a deliciosa comida francesa. Emily visita o *château* da família de Camille e conhece o pai dela, Gérard, que está nu e deitado na beira da piscina. Gérard pergunta se Emily já provou o coq au vin do Gabriel, dizendo que: "Quando botei aquilo na minha boca, estava pronto para pedi-lo em casamento". Coq au vin, que literalmente significa "galo com vinho", é um prato que surgiu como uma maneira de amaciar a carne de uma ave mais velha, mas atualmente este prato clássico costuma ser preparado com pedaços de um frango jovem inteiro. Para facilitar, esta versão simplificada usa sobrecoxas de frango com osso. Sirva com batatas assadas ou purê, e quem sabe alguém também queira pedir você em casamento.

RENDIMENTO: 6 porções **PRÉ-PREPARO:** 25 minutos **COZIMENTO:** 1 hora e 40 minutos

5 colheres (sopa) de farinha de trigo, separadas

Sal e pimenta-preta moída na hora

2,3 kg de sobrecoxas de frango com osso e sem pele

2 colheres (sopa) de manteiga sem sal em temperatura ambiente, separadas

10 chalotas picadas grosseiramente

115 g de fatias grossas de bacon, cortadas em pedaços de 1,5 cm

1 garrafa (750 ml) de vinho tinto seco

250 g de champignons frescos, limpos e fatiados

2 ramos de tomilho fresco

1 folha de louro

Salsinha fresca picada para finalizar

1 Preaqueça o forno a 160°C. Coloque 4 colheres (sopa) da farinha em uma tigela média rasa e tempere com sal e pimenta. Polvilhe as sobrecoxas com a farinha temperada, cobrindo a carne uniformemente e batendo para retirar o excesso.

2 Derreta 1 colher (sopa) da manteiga em uma panela grande de ferro ou cerâmica em fogo médio. Coloque as chalotas e refogue por aproximadamente 3 minutos, mexendo sempre, até que comecem a amaciar. Junte o bacon e refogue por mais 5 minutos, sem parar de mexer, até que as chalotas estejam caramelizadas e o bacon esteja crocante. Use uma colher vazada para transferir as chalotas e o bacon para um prato.

3 Aumente o fogo para médio-alto. Coloque as sobrecoxas (apenas algumas por vez para não amontoar) na mesma panela e cozinhe por 5 a 8 minutos de cada lado, virando uma vez apenas, até dourar o frango dos dois lados. Quando cada leva estiver pronta, coloque os pedaços em um prato. Depois de dourar todo o frango, coloque as chalotas e o bacon de volta na panela. Despeje o vinho, espere ferver e deglace a panela, raspando o fundo com uma colher de pau para soltar os pedacinhos tostados. Coloque o frango, o champignon, o tomilho, o louro, espere ferver e cozinhe por 10 minutos. Tampe a panela, leve ao forno e cozinhe por cerca de 1 hora, até o frango ficar tão macio a ponto de a carne quase se soltar do osso.

4 Retire a panela do forno e use uma colher vazada para transferir os pedaços de frango para uma travessa. Cubra com papel-alumínio para manter aquecido. Descarte os ramos de tomilho e o louro.

5 Misture o restante da farinha e da manteiga em uma tigela pequena usando um garfo até formar uma pasta uniforme. Aqueça a panela em fogo médio até ferver o líquido. Use um batedor de arame para incorporar a mistura de manteiga no molho até dissolver completamente. Ajuste o fogo para manter uma fervura branda e cozinhe por cerca de 15 minutos, até o molho engrossar.

6 Coloque o frango de volta na panela, reaqueça a carne no molho por alguns minutos e sirva com salsinha por cima.

A receita "Coq au vin do Gabriel" faz parte do livro *Emily in Paris: The Official Cookbook* (San Rafael, CA: Weldon Owen, 2022).

COISAS DA VIDA

Bhaji de cebola

Na série *Coisas da vida*, que se passa na Índia, ao bater a vontade de comer bhaji, Dhruv chama Kavya, que sai relutantemente da cama para acompanhar o parceiro em busca de uma barraquinha específica à beira da estrada. Como a barraquinha estava fechada, os dois acabam em uma vinícola, onde participam de uma degustação e encontram um local com uma bela vista para conversar sobre o futuro.

Bhajis crocantes e sedutores são o petisco perfeito para nos amparar ao longo dos altos e baixos no relacionamento de Dhruv e Kavya, nesta comédia romântica que se passa em Bombaim. Não se esqueça de servir estes bolinhos condimentados com bastante chutney de coentro para acompanhar.

RENDIMENTO: 4 porções de aperitivo
PRÉ-PREPARO: 10 minutos
COZIMENTO: 20 minutos

 VEGANO   **SEM GLÚTEN**

1 cebola grande

1 colher (chá) de sal e mais um pouco para temperar

1 pimenta-verde pequena, sem sementes e bem picada

¼ de colher (chá) de cúrcuma

½ colher (chá) de cominho em pó

¼ de colher (chá) de sementes de coentro em pó

½ xícara de farinha de grão-de-bico

¼ de xícara de farinha de arroz

½ xícara de água fria

Óleo vegetal para fritar

Molho chutney de coentro para servir

1 Corte a cebola ao meio e depois em fatias finas (use um fatiador tipo mandolim para ter um resultado melhor). Misture com 1 colher (chá) de sal em uma tigela pequena, e então use as mãos para espremer com cuidado a fim de ajudar o sal a extrair a umidade da cebola. Deixe descansar por 5 minutos.

2 Junte a pimenta, a cúrcuma, o cominho, o coentro, a farinha de grão-de-bico, a farinha de arroz e a água fria. Misture com as mãos ou com uma espátula, até que todos os temperos estejam bem misturados com a cebola e até que as farinhas tenham formado uma massa úmida e levemente grudenta.

3 Aqueça 5 cm de óleo a 175°C em uma panela média. Forre um prato com papel-toalha. Com as mãos úmidas, trabalhando em levas, modele uma porção de 1 colher (sopa) da mistura em um bolinho de 5 cm de diâmetro e coloque no óleo quente. Frite os bhajis por 2 a 3 minutos, até que estejam dourados. Transfira os bolinhos para o prato forrado com papel-toalha e tempere com sal a gosto. Repita com o restante da mistura. Sirva os bhajis quentes com o chutney de coentro.

DARK

Spaetzle torcido de forno

Na série alemã *Dark*, gerações e enredos se entrelaçam e levam a muitas reviravoltas. Nos últimos instantes da terceira temporada, um pequeno grupo de personagens se reúne para um jantar festivo. Nesse momento, os espectadores começam a imaginar o que teria acontecido se H.G. Tannhaus não tivesse construído sua máquina quântica.

Para ter energia ao longo das três temporadas desta série densa e cheia de suspense, você precisará de um spaetzle caseiro, um macarrão alemão de formato irregular, contorcido como o enredo complexo de *Dark*. Por sorte este prato deve agradar a todos, coberto com cebolas caramelizadas, chucrute azedinho, muito queijo derretido e uma generosa cobertura de farelo de pão com mostarda.

RENDIMENTO: 4 porções
PRÉ-PREPARO: 30 minutos
COZIMENTO: 1 hora e 15 minutos

SPAETZLE

2¼ xícaras de farinha de trigo

1 colher (chá) de sal e mais um pouco para ferver

Pimenta-preta moída na hora

3 ovos grandes

¾ de xícara de leite integral

1 colher (sopa) de manteiga sem sal

CEBOLA CARAMELIZADA

2 cebolas grandes

1 colher (sopa) de manteiga sem sal

2 colheres (sopa) de azeite

½ colher (chá) de açúcar cristal

Sal e pimenta-preta moída na hora

CAÇAROLA

Manteiga sem sal para untar

½ xícara de farelo de pão

1 colher (sopa) de mostarda forte alemã ou Dijon

1 colher (sopa) de azeite

Sal

1 maço pequeno de endro fresco (cerca de 15 g)

230 g de chucrute escorrido

350 g de queijo tipo Jarlsberg ou Emmental ralado grosseiramente

60 g de queijo Gruyère ralado grosseiramente

1 **Para fazer o spaetzle:** Coloque a farinha em uma tigela média e use um batedor de arame para misturar com 1 colher (chá) de sal e um pouco de pimenta-preta. Faça uma cavidade nos ingredientes secos e despeje os ovos e o leite. Misture os ingredientes com um batedor de arame até obter uma massa mole.

2 Ferva uma panela grande de água salgada. Esfregue a manteiga pelas laterais de uma tigela média e deixe qualquer manteiga que sobrar no fundo.

3 Trabalhando por cima da água fervente, pressione ⅓ de xícara da massa pelos furos maiores de um ralador usando uma espátula de silicone. Mexa os spaetzle para separá-los e cozinhe por cerca de 2 minutos, até ficarem macios. Use uma colher vazada para transferir a massa cozida para a tigela untada com manteiga. Mexa para besuntar os spaetzle com manteiga. Repita com o restante da massa. (Os spaetzle podem ser mantidos em temperatura ambiente por cerca de 2 horas ou na geladeira de um dia para o outro.)

4 **Para caramelizar as cebolas:** Descasque as cebolas, corte-as ao meio e depois em fatias finas. Aqueça a manteiga e o azeite em uma frigideira grande em fogo médio até a manteiga derreter. Coloque a cebola e cozinhe em fogo médio por cerca de 25 minutos, mexendo de tempos em tempos, até ficar bem dourada. (Se a cebola estiver dourando muito rápido, reduza o fogo para médio-baixo.) Polvilhe a cebola com o açúcar e uma pitada (cada) de sal e pimenta. Cozinhe por 1 a 2 minutos, até dissolver o açúcar. Retire do fogo.

5 **Para montar a caçarola:** Preaqueça o forno a 200°C com uma grade na posição central. Unte com manteiga uma travessa refratária de aproximadamente 2,2 l. Coloque o farelo de pão em uma tigela com a mostarda e o azeite. Tempere com uma pitada de sal e misture até que as migalhas estejam umedecidas de maneira uniforme. Pique grosseiramente as folhas e os talos de endro e reserve 1 colher (sopa) para finalizar.

6 Espalhe metade dos spaetzle no fundo da travessa refratária. Cubra com metade da cebola, do chucrute, dos queijos e do endro. Repita com o restante dos ingredientes, fazendo uma nova camada. Cubra com o farelo de pão temperado.

7 Leve a travessa ao forno e asse por 10 a 15 minutos, até que o pão esteja dourado e a caçarola esteja borbulhando nas bordas.

8 Deixe a caçarola descansar por 5 minutos e salpique com o endro reservado.

MAYA E OS 3 GUERREIROS

Salada de abacate, milho e tomate

Na animação *Maya e os 3 guerreiros*, a princesa Maya quer ser mais do que uma diplomata como sua mãe – ela quer lutar. Quando Zatz, o príncipe dos morcegos, tenta sequestrar Maya no dia de sua coroação e levá-la ao submundo para ser sacrificada, seu pai e seus irmãos declaram que entrarão em guerra contra os deuses para salvá-la. Ao longo da história, Maya percebe seu destino como águia guerreira, lutando ao lado de seus três irmãos jaguares a fim de derrotar os deuses do submundo.

Para nos fortalecermos ao longo deste banquete para os olhos criado por Jorge Gutierrez, criamos esta salada fresca e nutritiva usando ingredientes típicos da culinária mesoamericana: milho fresco tostado, tomates suculentos e abacate cremoso com um toque perfeito de limão, pimenta, coentro e queijo cotija para balancear tudo. Em geral os chips de tortilla são usados para mergulhar em molhinhos, mas adoramos usá-los como croûtons salgadinhos e crocantes nesta receita.

RENDIMENTO: 4 porções **PRÉ-PREPARO:** 20 minutos **COZIMENTO:** 15 minutos

 VEGETARIANO   **SEM GLÚTEN**

Óleo vegetal para untar

4 espigas de milho

1 colher (sopa) de suco de limão recém-espremido

1 dente de alho bem picado

¼ de colher (chá) de açúcar cristal

3 colheres (sopa) de azeite extravirgem

Sal e pimenta-preta moída na hora

1 pimenta vermelha pequena tipo fresno ou jalapeño

2 abacates maduros

2 xícaras de chips de tortilla de milho salgados

500 g de tomates-cereja cortados ao meio

1 maço pequeno de coentro fresco (cerca de 15 g) picado grosseiramente

60 g de queijo tipo cotija, esfarelado

1 Besunte com óleo uma grelha ou frigideira estriada e coloque no fogo alto. Tire as cascas e fiapos das espigas de milho e então coloque-os na grelha. Cozinhe por 8 a 10 minutos, virando de tempos em tempos até que o milho esteja macio e tostado em alguns pontos.

2 Tire o milho da grelha e deixe descansar por 5 a 10 minutos, até que esteja frio o suficiente para manusear. Use uma faca afiada para debulhar os grãos e descarte as espigas.

3 Coloque o suco de limão, o alho e o açúcar em uma tigela grande e misture com um batedor de arame até dissolver o açúcar. Despeje o azeite em um fio lento e contínuo, usando sempre o batedor para incorporar bem, e depois tempere com sal e pimenta a gosto.

4 Tire o talo e as sementes da pimenta e pique bem (metade ou tudo, dependendo do nível de ardência desejado). Corte os abacates ao meio, tire o caroço e descasque, depois corte em cubos de 2,5 cm. Use as mãos para quebrar os chips de tortilla em pedaços menores.

5 Na tigela do molho, coloque os tomates, a pimenta, o abacate e ⅔ do coentro, do queijo, dos chips e misture bem. Tempere com sal e pimenta a gosto. Finalize a salada com o restante do coentro, do queijo e dos chips.

HEARTSTOPPER

Fish and chips de aquecer o coração

No último episódio da primeira temporada de *Heartstopper*, Nick surpreende Charlie com uma viagem de domingo à praia. Viver um romance adolescente realmente nos deixa com fome, então o par come fish and chips, e Nick joga algumas batatas para o alto, tentando acertá-las na boca.

Pode ser que uma viagem a uma praia inglesa com sua cara-metade não esteja no seu futuro próximo, mas não é motivo para deixar de fazer nossa versão deste clássico britânico.

RENDIMENTO: 4 porções
PRÉ-PREPARO: 30 minutos
COZIMENTO: 45 minutos

ASSISTA
HEARTSTOPPER

NETFLIX

Óleo vegetal para fritar

900 g de batatas tipo inglesa

1½ xícara de cerveja, de preferência de tipo inglês bitter ou lager

1½ xícara de farinha de trigo

Sal e pimenta-preta moída na hora

¼ de xícara de amido de milho

4 filés (120 g a 140 g cada) de peixe tipo hadoque ou bacalhau fresco

Vinagre de malte

Ketchup

1 Aqueça 10 cm de óleo em uma panela grande de ferro ou cerâmica em fogo alto até atingir 120°C, medindo com um termômetro para frituras. Escove as batatas e corte no sentido do comprimento em palitos de 5 mm de espessura. Forre uma assadeira rasa com papel-manteiga.

2 Coloque metade das batatas no óleo. Frite por cerca de 10 minutos, mexendo de tempos em tempos, até que as batatas estejam macias. Use uma colher vazada ou escumadeira para transferir as batatas para a assadeira preparada, formando uma camada uniforme. Repita com o restante das batatas e então aqueça o óleo até atingir 175°C.

3 Preaqueça o forno a 95°C. Coloque uma grade de resfriamento em cima de uma assadeira rasa. Coloque a cerveja e a farinha em uma tigela rasa grande e misture com um batedor de arame até ficar uniforme. Tempere com uma pitada de sal e outra de pimenta. Coloque o amido de milho em um prato. Tempere os filés de peixe com ¾ de colher (chá) de sal e um pouco de pimenta.

4 Quando o óleo atingir 175°C, coloque dois filés no amido e vire para cobrir tudo. Sacuda para tirar o excesso e mergulhe na massa de cerveja. Levante os filés da massa, um por vez, deixando o excesso de massa pingar de volta para dentro da tigela. Coloque no óleo quente com cuidado. Frite o peixe por 4 minutos de cada lado, virando uma vez, até que esteja dourado e bem cozido. Transfira para a grade de resfriamento e tempere com sal. Repita com o restante do peixe. Leve o peixe frito ao forno para manter aquecido.

5 Coloque metade das batatas fritas branqueadas de volta no óleo e frite por mais 4 ou 5 minutos, até ficarem douradas e crocantes. Transfira as batatas para a grade de resfriamento junto com o peixe e tempere generosamente com sal. Repita com o restante das batatas.

6 Sirva seu fish and chips, embrulhado em papel se quiser, temperado com bastante vinagre de malte e acompanhado de ketchup.

Espaguete com almôndegas suecas veganas

Young Royals é uma série sueca que gira em torno do príncipe Wilhelm (Edvin Ryding) e sua entrada na vida adulta. Quando chega a Hillerska, um colégio interno de prestígio, ele tem a oportunidade de descobrir que tipo de vida realmente quer. Wilhelm começa a sonhar com um futuro de liberdade e amor incondicional, longe das obrigações da família real. Mas quando ele se torna inesperadamente o próximo na fila para o trono, seu dilema fica ainda mais complexo, e ele precisa fazer uma escolha – focar em seu amor por Simon ou em seus deveres reais.

Este empolgante drama adolescente requer sustento para que possamos sobreviver aos altos e baixos emocionais da série. Para entrar no espírito escandinavo da melhor forma, sugerimos preparar estas "almôndegas" suecas veganas e nutritivas com molho cremoso de cogumelos, espaguete e muita salsinha picada.

RENDIMENTO: 4 porções
PRÉ-PREPARO: 45 minutos
COZIMENTO: 50 minutos

 **VEGANO**

ALMÔNDEGAS

1 maço médio de salsinha fresca (cerca de 30 g), porcionado conforme a receita

2 colheres (sopa) de linhaça moída

¼ de xícara de água

2 latas (420 g cada) de lentilhas

⅔ de xícara de leite de aveia sem açúcar

2 colheres (chá) de sal e mais um pouco para temperar

3 fatias de pão de forma branco vegano sem casca

2 dentes de alho bem picados

⅓ de xícara de parmesão vegano

1 colher (chá) de mostarda de Dijon

¼ de colher (chá) de pimenta--preta moída na hora

¼ de colher (chá) de pimenta-da--jamaica fresca moída

¼ de colher (chá) de noz--moscada fresca moída

¾ de xícara de farelo de pão seco ou farinha de rosca

2 a 3 colheres (sopa) de azeite

MOLHO

230 g de cogumelos cremini limpos e sem os talos

2 colheres (sopa) de azeite e mais um pouco para regar

Sal e pimenta-preta moída na hora

1 dente de alho bem picado

1 chalota bem picada

3 colheres (sopa) de manteiga vegana

3 colheres (sopa) de farinha de trigo

¼ de colher (chá) de páprica defumada

2 xícaras de caldo de legumes

1½ colher (sopa) de molho inglês

1 colher (sopa) de molho de soja (shoyu)

1 colher (chá) de mostarda de Dijon

1 xícara de creme de leite vegano

450 g de espaguete

Geleia de arando-vermelho, fruta silvestre comum na Suécia (opcional)

>>a receita continua na próxima página

>>Espaguete com almôndegas suecas veganas (continuação)

1 **Para fazer as almôndegas:** Pique bem metade da salsinha. Coloque a linhaça em uma tigela pequena, misture com a água e deixe descansar por 5 minutos, até que a linhaça absorva a água. Escorra as lentilhas e meça 2 xícaras (guarde as lentilhas que sobrarem para outra receita).

2 Misture o leite de aveia com uma pitada de sal em uma tigela rasa. Mergulhe as fatias de pão, uma por vez, no leite de aveia, virando para ajudar o pão a absorver o líquido. Esprema o excesso de leite e coloque sobre uma tábua de corte. Repita com o restante das fatias. Corte o pão em cubos de 5 mm e coloque-os em uma tigela média.

3 Junte o alho, a salsinha bem picada, a mistura de linhaça, a lentilha, 2 colheres (chá) de sal, o parmesão vegano, a mostarda, a pimenta, a pimenta-da-jamaica e a noz-moscada. Misture bem e coloque ½ xícara da farinha de rosca. Sove a mistura com as mãos delicadamente, até ficar uniforme e até ser possível modelar a massa em pequenas bolas. Se a massa estiver muito quebradiça ou grudenta, coloque mais farelo de pão ou farinha de rosca, 2 colheres (sopa) por vez, até obter a consistência desejada.

4 Preaqueça o forno a 180°C. Forre uma assadeira rasa com papel--manteiga. Com as mãos úmidas, modele bolas com 2 colheres (sopa) da massa. Coloque as almôndegas na assadeira preparada à medida que forem ficando prontas. Leve ao congelador por 5 a 10 minutos, até que estejam firmes (mas não congeladas).

5 Aqueça 1 colher (sopa) de óleo vegetal em uma frigideira antiaderente grande em fogo médio. Trabalhando em levas, coloque as almôndegas na frigideira e cozinhe por 5 a 7 minutos, até dourarem de todos os lados. Retire-as da frigideira, coloque de volta na assadeira e repita o processo com as almôndegas restantes, colocando mais óleo se necessário. (Reserve a frigideira para o passo 7.) Quando todas as almôndegas estiverem douradas, leve a assadeira ao forno na grade central e asse por cerca de 8 minutos, até que estejam bem cozidas. Tire do forno e cubra para manter aquecido.

6 **Para fazer o molho:** Ferva uma panela grande de água salgada. Corte os chapéus de cogumelos em fatias finas.

7 Aqueça 1 colher (sopa) de azeite na frigideira reservada em fogo médio-alto. Coloque os cogumelos e tempere com sal e pimenta. Refogue por cerca de 5 minutos, até os cogumelos ficarem macios e levemente dourados. Coloque o alho, a chalota, alguns fios de azeite e cozinhe por mais 2 minutos, até que a chalota esteja macia.

8 Junte a manteiga vegana na mesma frigideira e reduza para fogo médio, até derreter. Polvilhe a farinha e cozinhe por 1 minuto sem parar de mexer. Adicione a páprica defumada e o caldo de legumes. Espere ferver, sem parar de mexer para manter o molho liso e uniforme. Junte o molho inglês, o molho de soja, a mostarda e o creme de leite vegano e reduza o fogo para médio-baixo. Cozinhe por cerca de 3 minutos, mexendo de tempos em tempos, até que o molho esteja espesso o bastante para cobrir as costas de uma colher. Tempere com sal e pimenta a gosto.

9 Coloque as almôndegas no molho, tampe e mantenha aquecido em fogo baixo enquanto prepara o espaguete.

10 Cozinhe o espaguete em água fervente de acordo com as instruções da embalagem, mexendo de tempos em tempos, até ficar al dente. Reserve ⅓ de xícara do líquido do cozimento da massa e escorra o espaguete.

11 Devolva o espaguete para a panela grande e despeje a água reservada do cozimento e ⅔ de xícara do molho. Cozinhe em fogo médio, mexendo até que o espaguete seja coberto pelo molho.

12 Transfira o espaguete para uma tigela grande e coloque as almôndegas e o molho por cima. Pique o restante da salsinha grosseiramente e polvilhe. Sirva as almôndegas, o molho e o espaguete com a geleia de arando-vermelho, se quiser.

THE RANCH

Denver steak com champignon

Quando Colt Bennett volta para casa em *The Ranch*, ele visita o bar de sua mãe com seu irmão, Rooster, e seu pai, Beau. Embora Beau não goste muito das botas do filho nem esteja feliz com sua fracassada carreira no futebol americano, acreditamos que a família toda concordaria que filés com um molho cremoso de champignon e enriquecido com uísque são deliciosos.

O filé conhecido como Denver steak, um corte bovino da região do acém e da paleta, é marmorizado e tem um sabor intenso. Nesta receita selamos os filés e preparamos um saboroso molho de champignon na mesma frigideira. Na nossa versão, tiramos nosso chapéu de caubói para o clássico filé à Diana, deglaçando a frigideira com uísque em vez de usar o conhaque da receita clássica. Se preferir, substitua o uísque por água ou caldo de frango.

RENDIMENTO: 4 porções
PRÉ-PREPARO: 15 minutos
COZIMENTO: 20 minutos

4 filés (230 g cada) tipo Denver steak

2 colheres (chá) de sal

1 colher (chá) de pimenta-preta moída na hora

1 colher (chá) de páprica defumada

230 g de champignons frescos sem talos

2 colheres (sopa) de óleo vegetal, separadas

1 dente de alho bem picado

1 chalota bem picada

2 colheres (sopa) de manteiga sem sal

2 ramos de tomilho fresco

⅓ de xícara de uísque

⅓ de xícara de caldo de frango com baixo teor de sódio

1 colher (sopa) mostarda de Dijon

1 colher (sopa) de molho inglês

½ xícara de creme de leite fresco com alto teor de gordura

1 Coloque os filés em um prato. Em uma tigela pequena, misture o sal, a pimenta e a páprica defumada. Esfregue bem os filés com esse tempero por todos os lados e deixe em temperatura ambiente por 30 minutos.

2 Corte os chapéus dos champignons em fatias finas e reserve. Aqueça, em fogo alto, 1 colher (sopa) de óleo em uma frigideira grande de ferro fundido. Coloque os filés na frigideira e cozinhe por 2 a 3 minutos de cada lado, até dourar bem por fora e ficar entre ao ponto e malpassado por dentro. (Uma opção é cozinhar por 3,5 minutos de cada lado para deixar ao ponto ou 5 minutos de cada lado para bem-passado.) Transfira os filés para uma tábua de corte e deixe descansar.

3 Na mesma frigideira, coloque o alho, a chalota, o tomilho, o restante do óleo e reduza o fogo para médio-alto. Cozinhe por aproximadamente 2 minutos, até que a chalota esteja macia. Coloque o champignon e a manteiga na frigideira e tempere com sal e pimenta. Refogue por 5 a 6 minutos, até que os cogumelos estejam dourados.

4 Tire a frigideira do fogo e despeje o uísque com cuidado. Devolva a frigideira para o fogo médio-alto e cozinhe por cerca de 2 minutos, até que o volume do uísque se reduza em ⅔.

5 Coloque o caldo, a mostarda, o molho inglês e o creme de leite na mesma frigideira. Cozinhe por 3 a 4 minutos, mexendo de tempos em tempos, até que o molho esteja espesso o bastante para cobrir as costas de uma colher. Tempere com sal e pimenta a gosto.

6 Fatie os filés contra a fibra e regue com o molho de champignon.

NARCOS
MÉXICO

Coquetel de michelada com pimenta

Na empolgante série *Narcos: México*, tanto os membros dos cartéis quanto os agentes que tentam combatê-los frequentemente param para apreciar uma cerveja gelada ou uma dose de uísque. O coquetel perfeito para combinar com essa série com certeza precisaria misturar ambos. Eis a nossa versão da michelada clássica. Aqui usamos suco fresco de limão, molho mexicano de pimenta e um molho inglês vegano com um pouco de néctar de agave para balancear os sabores. Para uma ardência extra, também incluímos pimenta jalapeño fresca e uma pitada de pimenta em pó. Junte um pouco de uísque escocês, uma borda de sal, uma fatia de pimenta fresca e a cerveja gelada de sua preferência e estará pronto para assistir ao próximo episódio.

RENDIMENTO: 2 coquetéis
PRÉ-PREPARO: 15 minutos

 VEGANO

Sal

2 limões cortados em quartos

1 pimenta jalapeño cortada em rodelas

2 colheres (chá) de néctar de agave

4 colheres (chá) de molho mexicano de pimenta

2 colheres (chá) de molho inglês vegano

1 pitada de pimenta vermelha escura em pó

30 ml de uísque tipo blended Scotch

2 garrafas de cerveja mexicana geladas

1 Polvilhe um pouco de sal em um prato pequeno. Esfregue um quarto de limão pela borda de 2 copos com capacidade para 500 ml. Encoste a borda dos copos no sal e coloque cada gomo de limão no fundo dos copos. Esprema os quartos de limão restantes em uma coqueteleira.

2 Coloque metade das rodelas de jalapeño na coqueteleira e junte o néctar de agave, o molho de pimenta, o molho inglês, a pimenta em pó e o uísque. Encha a coqueteleira com gelo e agite por cerca de 30 segundos, até que a parte externa esteja gelada. Divida o líquido entre os dois copos preparados.

3 Complete os copos com a cerveja gelada e coloque gelo até a borda. Decore com uma ou duas rodelas de jalapeño.

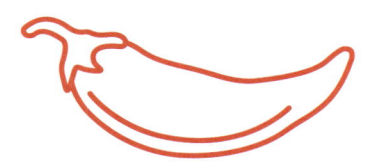

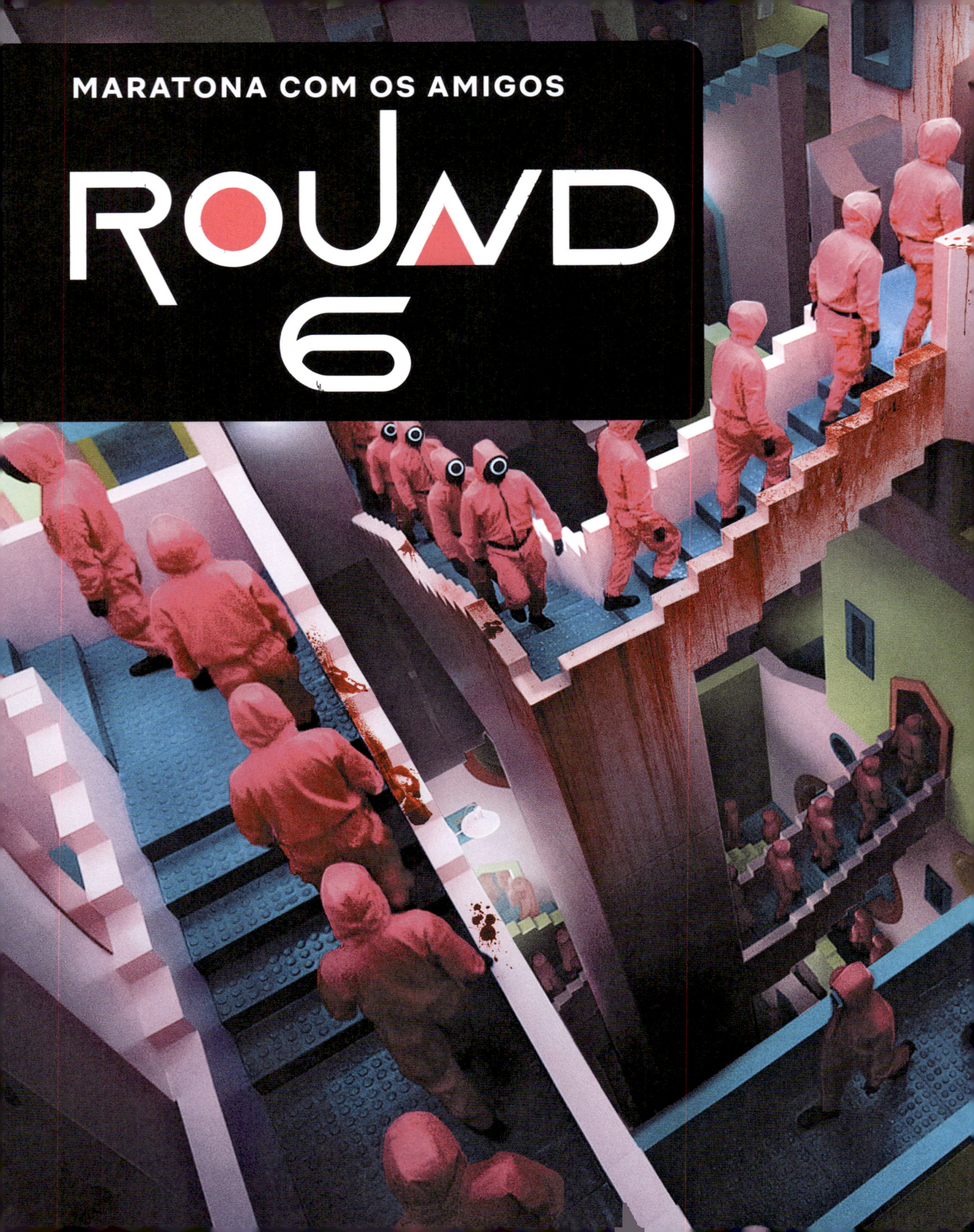

Prontos para assistir – ou reassistir –
a seus episódios favoritos de
Round 6? Quais serão os jogos
mortais que nossos queridos
personagens terão que enfrentar?
Prepare-se para descobrir. Junte os
amigos e faça uma maratona épica
com nossas divertidas sugestões
de decoração, atividades,
receitas e mais!

 **PLANEJAMENTO DO EVENTO**

Montagem do cenário
Pausa para o jogo
Receitas

1 **Torradas com filé**

2 **Tteokbokki**

3 **Doce dalgona com estampa perfeita**

4 **Bibimbap**

5 **Shots de gelatina de soju
vermelhos e verdes**

PLANEJAMENTO DO EVENTO

Se você quer sobreviver ao jogo (ou vencê-lo!) e organizar a melhor maratona de *Round 6* de todos os tempos, não se esqueça de conferir algumas das sugestões de decoração, atividades e receitas aqui antes de seus convidados chegarem. Mas não se divirta demais, pois os guardas estão de olho...

▶ Montagem do cenário

Por favor, siga em direção ao salão de jogos – ou seja lá onde sua festa for acontecer – e prepare-se para o primeiro conjunto de ideias para sua maratona.

- **Roupas:** Peça a seus convidados que vistam seus melhores casacos de corrida ou suas melhores roupas de academia, similares às vestimentas dos personagens da série.

- **Faça você mesmo:** Com cartolina preta e branca, crie máscaras baseadas nas usadas pelos guardas da série. Elas devem ter pelo menos 1 círculo, 1 triângulo e 1 quadrado.

- **Decoração:** Se puder, tire os móveis do cômodo onde deseja realizar a sua maratona festiva, de forma que fique o mais minimalista possível, com espaço livre no centro. Se tiver os materiais necessários, crie ao redor "fortalezas" ou "bunkers", que podem ser usados como "bases de operação" para sua maratona.

- **Decoração:** Se dispuser de uma área externa, aproveite-a para realizar algumas das atividades descritas na página 107.

ASSISTA
ROUND 6

NETFLIX

▶ Pausa para o jogo

- **Batatinha, 123:** Faça uma brincadeira amigável de "Batatinha, 123" com seus convidados. Porém, em vez de ter uma boneca gigante que dispara lasers se alguém se mexer, você pode pedir a todos que se moveram que tomem um shot de gelatina da receita na página 114.

- **Doce dalgona:** Prepare o doce dalgona seguindo a receita da página 111. Quando seus convidados chegarem, distribua agulhas ou uma faca pequena de ponta fina. (Sempre tome cuidado ao manusear objetos afiados!) Peça a cada convidado que use a agulha ou a faca para destacar o desenho do doce. O primeiro a conseguir tirar o desenho sem quebrá-lo é o vencedor!

- **Hora da brincadeira:** Organize outras brincadeiras clássicas com seus convidados, como amarelinha ou cabo de guerra. Busque inspiração nos participantes das competições da série e tente levá-las muito a sério – porém, claro, sem as consequências macabras.

Torradas com filé

No primeiro episódio de *Round 6*, Gi-hun faz o que pode para comprar um presente e organizar um jantar de aniversário para a filha, Ga-yeong. Estas torradinhas com filé são um canapé elegante, feitas com filé marinado ao estilo bulgogi em cima de torradas crocantes de baguete besuntadas de manteiga com kimchi e cebolinha. É uma receita que pode ser servida ao lado do humilde tteokbokki, da página 110.

RENDIMENTO: 12 torradas (serve 4 pessoas)
PRÉ-PREPARO: 20 minutos, mais 4 horas para marinar
COZIMENTO: 30 minutos

CARNE MARINADA

1 pera pequena tipo asiática

2 dentes de alho grandes bem picados

1 pedaço de 5 mm de gengibre fresco descascado e bem picado

3 colheres (sopa) de molho de soja (shoyu)

1½ colher (sopa) de açúcar mascavo escuro

1 colher (sopa) de saquê mirin

1 colher (sopa) de óleo de gergelim torrado

Pimenta-preta moída na hora

1 bife (450 g) de corte rib eye

MANTEIGA DE KIMCHI COM CEBOLINHA

2 colheres (sopa) de kimchi e mais ½ xícara para servir

4 talos de cebolinha separados

4 colheres (sopa) de manteiga sem sal amolecida

1 pitada de sal

TORRADAS

1 baguete

Óleo vegetal para pincelar

Sal e pimenta-preta moída na hora

Sementes de gergelim torrado ou gergelim preto para decorar

1 **Para marinar a carne:** Corte a pera ao meio e rale metade no ralador grosso até chegar ao miolo. (Descarte o miolo e reserve a outra metade da pera para outra receita.) Coloque a pera ralada em uma tigela média com o alho, o gengibre, o molho de soja, o açúcar mascavo, o saquê mirin e o óleo de gergelim. Tempere com um pouco de pimenta--preta e misture bem.

2 Seque a carne com batidinhas de papel-toalha e coloque na marinada, virando para besuntar toda a carne. Cubra a tigela com filme plástico e leve à geladeira por pelo menos 4 horas ou de um dia para o outro. Deixe a carne e a marinada em temperatura ambiente por 30 minutos antes de começar a cozinhar.

3 **Para temperar a manteiga:** Pique bem as 2 colheres (sopa) de kimchi e 2 cebolinhas. Coloque o kimchi, a cebolinha picada, a manteiga e o sal em uma tigela média e misture. Reserve até o momento de montar as torradas. (A manteiga pode ser refrigerada em um recipiente tampado por até 2 dias. Deixe amolecer em temperatura ambiente antes de seguir com a receita.)

4 **Para assar as torradas:** Preaqueça o forno a 180°C com uma grade na posição central. Corte a baguete na diagonal em 12 fatias de pouco mais de 1 cm (guarde qualquer sobra para outra receita). Organize as fatias em uma única camada sobre uma assadeira rasa e pincele com óleo ambos os lados das fatias. Tempere com sal e pimenta.

5 Asse as torradas por aproximadamente 10 minutos, virando-as na metade do tempo, até que estejam levemente tostadas.

6 **Para grelhar a carne:** Pincele com óleo a grelha de uma frigideira estriada e aqueça-a em fogo alto (230°C numa grelha a gás). Coloque o filé em um prato, raspe qualquer sobra da marinada com uma espátula de silicone e tempere por todos os lados com sal e pimenta. Coloque o filé na grelha ou frigideira e reduza o fogo para médio-alto (200°C). Grelhe a carne até dourar bem e ficar no ponto desejado (6 a 8 minutos por lado para ficar ao ponto para malpassada). Transfira a carne para uma tábua de corte e deixe descansar por 5 minutos.

7 **Para montar as torradas:** Corte as 2 cebolinhas restantes em fatias finas. Corte a carne também em fatias finas contra a fibra. Por cima de cada torrada, espalhe uma quantidade generosa da manteiga de kimchi e cebolinha. Cubra cada torrada com um pedaço de kimchi, uma ou duas fatias de carne e regue com um pouco dos sucos da carne que se acumularam na tábua de corte. Finalize com a cebolinha fatiada e o gergelim.

Tteokbokki

Durante o jantar de aniversário de Ga-yeong no primeiro episódio de *Round 6*, ela diz ao pai, Gi-hun, que gosta mais de tteokbokki do que da carne que comeu antes. Nossa receita de tteokbokki é agradável, picante e extremamente reconfortante. Estes bolinhos de arroz de textura gostosa de mastigar são cozidos lentamente em um molho com repolho fatiado e cebolinha em fatias finas. É uma receita perfeita para uma comemoração de aniversário ou uma maratona de *Round 6*.

RENDIMENTO: 4 porções
PRÉ-PREPARO: 10 minutos, mais 15 minutos de demolha
COZIMENTO: 25 minutos

450 g de bolinhos de arroz coreanos para tteokbokki

1 colher (sopa) de caldo de peixe tipo dashi instantâneo

½ repolho branco pequeno (cerca de 230 g)

5 talos de cebolinha separados

1 dente de alho bem picado

2 colheres (chá) de gochujang (pasta de pimenta coreana)

2 colheres (sopa) de açúcar cristal

2 a 3 colheres (chá) de gochugaru (pimenta coreana em pó)

1 colher (sopa) de molho de soja (shoyu)

1 colher (sopa) de gergelim torrado

1 colher (chá) de óleo de gergelim torrado

½ colher (chá) de vinagre de arroz

1 Corte os bolinhos de arroz em pedaços menores e enxágue em água fria. Coloque em uma tigela média e deixe de molho em água quente por 15 minutos.

2 Coloque o dashi em um copo medidor e acrescente 3 xícaras de água fervente. Misture com um batedor de arame até dissolver o caldo em pó. Tire o miolo do repolho e pique as folhas em pedaços de 2,5 cm. Corte 3 dos talos de cebolinha em pedaços de 2,5 cm e depois corte os outros 2 talos em fatias finas.

3 Em uma tigela pequena, coloque o alho, o gochujang, o açúcar, o gochugaru e o molho de soja. Misture bem. Experimente e, caso queira deixar mais picante, ajuste com mais gochugaru, ½ colher (chá) por vez.

4 Leve o caldo de peixe à fervura em uma panela média em fogo alto. Junte o molho de gochujang até que ele se dissolva completamente no caldo. Coloque os bolinhos de arroz no caldo fervente. Cozinhe por 4 a 6 minutos, mexendo de tempos em tempos, até que os bolinhos estejam macios e com textura elástica ao mastigar. (Verifique também o tempo de cozimento recomendado na embalagem.)

5 Coloque o repolho picado e os pedaços de 2,5 cm de cebolinha na panela. Abaixe o fogo para médio e cozinhe por cerca de 3 minutos, mexendo de tempos em tempos, até que o repolho esteja macio e o molho tenha engrossado um pouco.

6 Tire a panela do fogo. Junte o gergelim, o óleo de gergelim e o vinagre. Finalize com a cebolinha fatiada.

Doce dalgona com estampa perfeita

Em um dos episódios de *Round 6*, os participantes são chamados para se enfileirar diante de quatro formas: círculo, estrela, triângulo e guarda-chuva. Durante o jogo, conhecido como *ppopgi*, os participantes têm dez minutos para remover com cuidado a borda do dalgona (um doce coreano de caramelo aerado) ao redor do desenho sem quebrá-la. O participante perde se o tempo acabar ou se a forma for quebrada.

Em geral, para fazer este doce, deve-se derreter açúcar em uma concha de metal sobre o fogo e depois prensar e marcar o doce com um desenho. Na nossa receita, inspirada na série, usamos uma panela pequena para derreter o açúcar, o que permite que você faça os quatro formatos de uma só vez. Antes de começar, certifique-se de que tem todo o equipamento necessário organizado e ao seu alcance. A receita avança rápido depois que você começa! Em parte graças à enorme popularidade da série *Round 6*, hoje é mais fácil encontrar fôrmas de silicone para doce dalgona. Se quiser usar uma fôrma específica, borrife-a levemente com óleo no passo 1 e siga para o passo 3.

RENDIMENTO: 4 doces   **PRÉ-PREPARO:** 10 minutos   **COZIMENTO:** 10 minutos

 VEGETARIANO   **SEM GLÚTEN**

2 colheres (chá) de óleo vegetal

½ xícara de açúcar cristal

3 colheres (sopa) de mel

¼ de colher (chá) de bicarbonato de sódio

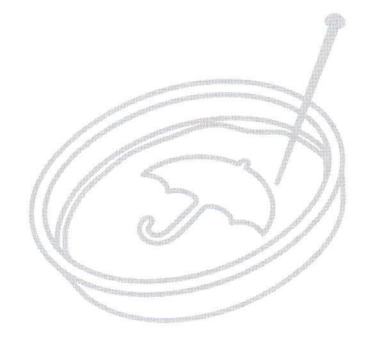

1 Forre uma assadeira rasa com papel-manteiga e regue com o óleo. Use as mãos para espalhá-lo uniformemente pelo papel-manteiga. Unte 4 cortadores de biscoito generosamente com mais óleo (o ideal é usar cortadores com 5 a 8 cm de diâmetro).

2 Misture o açúcar e o mel em uma panela pequena. Coloque-a no fogão.

3 Aqueça a mistura em fogo médio-baixo por 8 a 10 minutos. Usando uma espátula de silicone ou pauzinhos, mexa com cuidado de tempos em tempos, até que o açúcar tenha derretido e a mistura esteja dourada e só um pouco mais escura que açúcar mascavo claro. Quando a mistura começar a ficar marrom em alguns pontos, você pode fazer um movimento circular com a panela para uniformizar a cor.

4 Coloque o bicarbonato de sódio e misture com cuidado até ficar uniforme. Retire a panela do fogo.

5 Rapidamente, despeje a mistura sobre a assadeira preparada formando 4 discos iguais. (Não há problema se os discos não ficarem perfeitos.) Deixe o caramelo esfriar por 1 minuto e marque o desenho com os cortadores de biscoito. (Marcar várias vezes em seguida facilitará separar o desenho do resto do doce.)

6 Espere pelo menos 10 minutos, até esfriar completamente, antes de comer ou tentar separar o desenho.

Bibimbap

Ao longo de *Round 6*, os participantes recebem refeições simples que poderiam ser oferecidas a crianças: marmitinhas com ovos fritos, arroz, kimchi e banchan de vegetais; pão doce tipo soboro com crosta de amendoim; um ovo cozido e uma garrafa de cidra. As marmitinhas dos participantes vêm com componentes típicos do bibimbap: ovos fritos, kimchi, arroz e vegetais. Embora o bibimbap seja frequentemente preparado com carne bovina, nos inspiramos no conteúdo dessas marmitas à moda antiga para elaborar o nosso sem carne.

RENDIMENTO: 4 porções
PRÉ-PREPARO: 25 minutos
COZIMENTO: 45 minutos

 **VEGETARIANO**

2 xícaras de arroz para sushi
2 xícaras de água
1 colher (chá) de sal

CENOURAS SALTEADAS

2 cenouras médias descascadas e com as pontas aparadas
2 colheres (chá) de óleo vegetal
2 talos de cebolinha cortados em fatias finas
2 colheres (chá) de vinagre de arroz
1 colher (chá) de molho de soja (shoyu)
Pimenta-preta moída na hora

BROTO DE FEIJÃO TEMPERADO

230 g de broto de feijão tipo moyashi
2 talos de cebolinha finamente cortados
1 dente de alho bem picado
1½ colher (chá) de óleo de gergelim torrado
¼ de colher (chá) de gochugaru (pimenta coreana em pó)
1 pitada de sal

ESPINAFRE COM GERGELIM

280 g de espinafre fresco
1 dente de alho bem picado
1 talo de cebolinha finamente cortado
1 colher (chá) de molho de soja (shoyu)
1½ colher (chá) de óleo de gergelim torrado
2 colheres (chá) de gergelim torrado
1 colher (sopa) de óleo vegetal
4 ovos grandes
Sal e pimenta-preta moída na hora
Gochujang (pasta de pimenta coreana) para servir
Kimchi para servir

1 **Para fazer o arroz:** Coloque o arroz, a água e o sal em uma panela média e leve ao fogo. Espere ferver, tampe, reduza para fogo baixo e cozinhe por cerca de 15 minutos, até o arroz ficar macio e a água secar. Desligue o fogo e mantenha tampado até a hora de servir.

2 **Para fazer as cenouras salteadas:** Corte as cenouras ao meio no sentido do comprimento e depois fatie em meias-luas. Aqueça o óleo em uma frigideira antiaderente grande em fogo médio-alto. Coloque a cenoura e a cebolinha na frigideira e refogue por 3 a 4 minutos, até que as cenouras estejam macias, porém ainda um pouquinho crocantes. Junte o vinagre, o molho de soja, um pouco de pimenta-preta e cozinhe por mais 1 minuto. Transfira para uma tigela média. (Limpe a frigideira com papel-toalha e reserve para o passo 6.)

3 **Para fazer o broto de feijão temperado:** Leve uma panela grande de água salgada à fervura. Adicione os brotos e cozinhe por cerca de 3 minutos, até ficarem macios, mas ainda com alguma crocância. Escorra e enxágue em água fria. (Reserve a panela para o passo 4.) Transfira para uma tigela média e junte a cebolinha e o alho. Acrescente o óleo de gergelim, o gochugaru e o sal e misture bem.

4 **Para fazer o espinafre com gergelim:** Encha a mesma panela até a metade com água, tempere com sal e leve à fervura. Lave o espinafre em água fria para remover qualquer terra ou sujeira e apare os talos mais grossos. Coloque o espinafre na água fervente e cozinhe por aproximadamente 30 segundos, só até murchar um pouco. Escorra o espinafre e enxágue com água fria a fim de parar o cozimento. Esprema todo o líquido e transfira para uma tigela média.

5 Na mesma tigela do espinafre, junte o alho, a cebolinha, o molho de soja, o óleo de gergelim torrado, o gergelim e misture bem.

6 **Para fritar os ovos:** Aqueça o óleo em fogo médio na frigideira reservada. Quebre os 4 ovos na frigideira e tempere com sal e pimenta. Cozinhe por 1 a 2 minutos, até as claras ficarem firmes. Tampe e cozinhe por mais 1 minuto, até as gemas ficarem um pouco mais firmes.

7 **Para montar o bibimbap:** Destampe o arroz e afofe com um garfo. Divida o arroz igualmente entre quatro tigelas e cubra com a cenoura, o broto de feijão, o espinafre e os ovos. Sirva com gochujang e kimchi.

Shots de gelatina de soju vermelhos e verdes

A brincadeira infantil "luz vermelha, luz verde" (conhecida como "estátua" ou "batatinha frita, 123" no Brasil) pode ser clássica, mas na série *Round 6* ela leva a consequências rápidas e brutais para os perdedores. Estas pequenas guloseimas, feitas com suco fresco de frutas e soju na medida certa, são o coquetel perfeito para uma maratona de *Round 6*. Você pode acrescentar uma gota de corante vermelho ou verde para preparar shots com uma cor mais vibrante ou não usar para deixar com uma cor mais natural. Estes shots de gelatina também podem ser feitos com gim ou vodca. Se quiser uma versão não alcoólica, use refrigerante de limão ou ginger ale no lugar do soju.

RENDIMENTO: 24 shots
PRÉ-PREPARO: 30 minutos, mais 90 minutos para gelar
COZIMENTO: 10 minutos

GELATINA DE SOJU COM FRUTAS VERMELHAS

7 morangos médios frescos (cerca de 170 g)

1 xícara de framboesas frescas (cerca de 115 g), porcionadas conforme a receita

3 colheres (sopa) de suco de romã

2 colheres (sopa) de açúcar cristal

Corante alimentício vermelho (opcional)

2¼ colheres (chá) de gelatina sem sabor

3 colheres (sopa) de soju (bebida destilada coreana)

GELATINA DE SOJU COM MELÃO E UVA VERDE

1 limão

¼ de melão doce pequeno e maduro (cerca de 350 g), de polpa esverdeada, cortado em cubos de 2,5 cm

1 xícara de uvas verdes sem semente (cerca de 170 g), porcionadas conforme a receita

2 colheres (sopa) de água

1 colher (sopa) de açúcar cristal

1 colher (sopa) de mel

Corante alimentício verde (opcional)

2¼ colheres (chá) de gelatina sem sabor

3 colheres (sopa) de soju (bebida destilada coreana)

1 Unte uma fôrma de silicone para minimuffins de 24 cavidades com spray culinário desmoldante. Reserve.

2 **Para fazer os shots de gelatina vermelha:** Corte e descarte o topo dos morangos. Coloque-os no liquidificador com ¾ de xícara de framboesa e o suco de romã. Bata até obter um suco bem liso e uniforme. Passe o líquido por um coador fino, pressionando os sólidos com uma colher para obter cerca de ¾ de xícara de suco.

3 Transfira o suco vermelho para uma panela pequena e junte o açúcar. Coloque uma gota de corante vermelho se quiser uma cor mais viva. Polvilhe a gelatina em pó e deixe descansar por 5 minutos, até que a gelatina tenha amolecido e absorvido um pouco do líquido.

4 Leve a panela ao fogo baixo por cerca de 5 minutos, mexendo de tempos em tempos com um batedor de arame, até aquecer o suficiente para que tanto a gelatina quanto o açúcar tenham se dissolvido por completo (não deixe ferver!). Tire do fogo e incorpore o soju.

5 Corte o restante das framboesas ao meio e coloque cada uma das metades sobre 12 das cavidades da fôrma de muffins. Despeje a mistura de gelatina de frutas vermelhas em um copo medidor refratário e então distribua o líquido igualmente pelas 12 cavidades.

6 Com cuidado, leve a fôrma à geladeira por cerca de 90 minutos, até que a gelatina endureça.

7 **Para fazer os shots de gelatina verde:** Rale finamente ½ colher (chá) da casca de um limão e esprema 1 colher (chá) de suco em uma tigela pequena. Coloque o melão no liquidificador com ¾ de xícara das uvas e a água. Bata até obter um suco bem liso e uniforme. Passe o líquido por um coador fino, pressionando os sólidos com uma colher para obter cerca de ¾ de xícara de suco.

8 Transfira o suco verde para uma panela pequena e junte as raspas e o suco de limão, o açúcar e o mel. Coloque uma gota de corante verde se quiser uma cor mais viva. Polvilhe a gelatina em pó e deixe por 5 minutos, até que a gelatina tenha amolecido e absorvido um pouco do líquido.

9 Leve a panela ao fogo baixo por 2 a 3 minutos, mexendo de tempos em tempos com um batedor de arame, até aquecer o suficiente para que tanto a gelatina quanto o açúcar tenham se dissolvido por completo (não deixe ferver!). Tire do fogo e incorpore o soju.

10 Tire a fôrma da geladeira. Corte o restante das uvas em rodelas finas e coloque uma ou duas rodelas no fundo de cada uma das cavidades restantes. Despeje a mistura de gelatina de melão em um copo medidor refratário e então distribua o líquido igualmente pelas 12 cavidades restantes.

11 Com cuidado, leve a fôrma de novo para a geladeira por cerca de 90 minutos, até que a gelatina endureça. Logo antes de servir, desenforme os shots delicadamente e organize numa travessa.

▶▶ Para acelerar

Se quiser criar um shot com duas camadas de cores diferentes, unte uma fôrma de silicone para muffins com 12 cavidades. Divida a mistura vermelha entre as 12 cavidades e gele por cerca de 45 minutos, até ficar mais firme, porém ainda um pouco grudenta por cima. Cubra com a mistura verde e gele por cerca de 90 minutos, até ficar firme.

Menu para dias festivos

Aproveite os feriados do ano fazendo pratos festivos baseados em seus filmes e séries favoritos da Netflix.

MEU ETERNO TALVEZ

Burrito de kimchi jjigae de Dia dos Namorados

No começo do filme *Meu eterno talvez*, a mãe de Marcus, Judy, mostra para Sasha, a melhor amiga dele, como fazer kimchi jjigae (cozido coreano com kimchi). Ela conversa com Sasha enquanto mexe a panela, lançando pérolas de conhecimento culinário como "nós, coreanos, usamos tesouras para tudo – vegetais, macarrão". Então ela entrega a tesoura para que Sasha também possa cortar a cebolinha.

Meu eterno talvez termina da mesma forma que começa, com Marcus, Sasha e uma panela fumegante de kimchi jjigae, prato que remete ao lar para ambos. Nesta receita, pegamos este cozido reconfortante e picante e criamos um burrito de dar água na boca, uma brincadeira com a cena em que Marcus pede um "burrito monocromático para viagem" depois de ainda estar com fome após uma refeição requintada com Sasha. O kimchi jjigae é feito com arroz de sushi e queijo suave, depois embrulhado em uma tortilha de trigo, que, por sua vez, é dourada na frigideira. É o jantar perfeito para uma noite de Netflix a dois, com alguém que faz com que você se sinta em casa.

RENDIMENTO: 4 burritos
PRÉ-PREPARO: 25 minutos
COZIMENTO: 1 hora

1 xícara de arroz para sushi

1 xícara de água

Sal

1 colher (chá) de gergelim torrado

1½ xícara de kimchi e mais ¼ de xícara do líquido da conserva

60 g de cogumelos shiitake, sem os talos

170 g de tofu extrafirme (cerca de meio pacote) escorrido

4 talos de cebolinha

2 colheres (sopa) de óleo vegetal separadas

115 g de barriga suína cortada em pedaços de aprox. 1 cm

1 dente de alho bem picado

2 colheres (chá) de gochujang (pasta de pimenta coreana)

1 colher (chá) de gochugaru (pimenta em pó coreana)

1 colher (chá) de açúcar cristal

1 colher (chá) de molho de peixe (como nam pla tailandês)

½ colher (chá) de óleo de gergelim torrado

1 xícara de caldo de frango com baixo teor de sódio

4 tortilhas de trigo grandes

230 g queijo muçarela ou cheddar suave, ralado grosseiramente

1 Coloque o arroz em uma panela pequena com a água e ½ colher (chá) de sal. Leve à fervura, tampe, reduza para fogo baixo e cozinhe por aproximadamente 15 minutos, até que a água tenha sido absorvida e o arroz esteja macio. Desligue o fogo, polvilhe com o gergelim e afofe o arroz com um garfo. Tampe para manter aquecido.

2 Pique o kimchi grosseiramente e reserve ¼ de xícara do líquido. (Se você não conseguir essa quantidade de líquido, complete a diferença com água.) Pique os chapéus dos cogumelos grosseiramente. Seque o tofu com batidinhas de papel-toalha e corte em cubinhos de aproximadamente 1 cm. Apare as pontas das cebolinhas e então, como Judy Kim ensinou, use uma tesoura de cozinha para cortá-las em pedaços de 1 cm.

3 Aqueça 1 colher (sopa) de óleo em uma panela média em fogo médio-alto. Acrescente o kimchi picado e a barriga suína. Cozinhe por cerca de 6 minutos, mexendo de tempos em tempos, até que o kimchi tenha amolecido e a carne esteja cozida. Junte os cogumelos e o alho na panela e tempere com sal. Cozinhe por 2 minutos, até o alho soltar seus aromas e o cogumelo amaciar um pouco.

4 Junte o líquido do kimchi, o gochujang, o gochugaru, o açúcar, o molho de peixe, o óleo de gergelim, o caldo de frango e misture bem. Deixe ferver e cozinhe em fogo alto por 5 minutos.

5 Incorpore os pedaços de tofu com cuidado, tampe a panela, abaixe o fogo para médio e cozinhe por cerca de 15 minutos, até aquecer o tofu e o cozido ficar espesso e saboroso. Acrescente a cebolinha e tempere a gosto com sal ou mais molho de peixe. Retire do fogo e deixe esfriar um pouco.

6 Organize as tortilhas sobre a bancada e distribua o arroz sobre elas igualmente, deixando uma borda de 2,5 cm. Use uma colher vazada para distribuir o kimchi jjigae por cima do arroz e cubra com o queijo. Dobre as laterais das tortilhas para dentro e depois enrole com firmeza.

7 Aqueça 1 colher (sopa) de óleo em uma frigideira antiaderente grande em fogo médio-alto. Coloque os burritos com a emenda virada para baixo e doure por 2 a 3 minutos. Vire os burritos e deixe por mais 2 a 3 minutos até dourar do outro lado também. Coloque em pratos e sirva com mais kimchi para acompanhar.

▶▶ Para acelerar

Em geral, o kimchi jjigae é cozido lentamente em um caldo caseiro de anchova. Nesta receita usamos caldo de frango e molho de peixe para atingir um sabor similar ao desse caldo de anchova, com bastante umami. O kimchi jjigae também costuma levar mukeunji, um tipo de kimchi fermentado e maturado. É possível encontrar em lojas de ingredientes asiáticos e mercados coreanos, mas qualquer kimchi de acelga funciona aqui.

AMOR COM DATA MARCADA

Paloma de Cinco de Mayo

Na comédia romântica *Amor com data marcada*, Sloane e Jackson se conhecem no shopping no meio de um Natal que não está indo muito bem para nenhum dos dois. Jackson propõe que eles sejam "ferigatos", ou seja, uma pessoa que podem levar como companhia em qualquer jantar comemorativo, sem compromisso. Os dois passam seu quinto encontro em um restaurante mexicano com tequila à vontade, celebrando o feriado de Cinco de Mayo. E aí, como é típico nas comédias românticas, as coisas se complicam.

Em vez de sugerirmos shots de tequila, propomos que você reassista a *Amor com data marcada* no próximo Cinco de Mayo com nossa versão do coquetel clássico Paloma. Nossa receita usa suco e refrigerante de toranja com tequila tipo reposado, uma variedade envelhecida com sabor de agave mais suave.

RENDIMENTO: 2 coquetéis
PRÉ-PREPARO: 10 minutos

 **VEGANO**

1 limão

½ colher (chá) de sal

½ colher (chá) de açúcar cristal

½ xícara de suco de toranja (grapefruit) recém-espremido

85 ml de tequila reposado

Gelo

350 ml de refrigerante de toranja (grapefruit) gelado

1 Rale bem fino a casca do limão até obter ½ colher (chá) de raspas, depois corte o limão ao meio. Separe uma rodela fina do limão e esprema o resto. Coloque as raspas, o sal e o açúcar em um pratinho e esfregue tudo com os dedos até a mistura ficar levemente úmida. Reserve.

2 Coloque o suco de limão em uma coqueteleira com o suco de toranja e a tequila. Complete com gelo e agite bem.

3 Esfregue a fatia de limão reservada pela borda de dois copos altos de coquetel tipo *highball* e encoste a borda na mistura de sal com raspas de limão. Coe a mistura de suco com tequila para dentro dos copos e complete com o refrigerante e alguns cubos de gelo.

Bolinhos do Festival da Lua

Na animação *A caminho da Lua*, a loja da família de Fei Fei é famosa por seus bolinhos da lua especiais, feitos para o Festival da Lua, no outono. Quando os pais a convidam para ajudar na receita pela primeira vez, ela fica empolgadíssima, trabalhando alegremente enquanto os outros cantam "Abre a massa e amassa, e no forno o bolo assa. Todos juntos na cozinha prontos pra recomeçar!".

O Festival da Lua costuma ser celebrado com pato, pomelos, castanhas, caranguejos e peras asiáticas, além dos bolinhos da lua, que podem ser salgados ou doces. Nesta receita, nós nos inspiramos nas versões com recheio de carne suína. Em vez de açúcar ou mel, usamos maçã, fruta cujo nome em chinês, *ping guo*, lembra a palavra chinesa para paz, *ping*.

RENDIMENTO: 30 bolinhos **PRÉ-PREPARO:** 1 hora
COZIMENTO: 25 minutos

1 **Para fazer o recheio:** Coloque a maçã em uma tigela média, polvilhe com uma pitada de sal e deixe descansar por 5 a 10 minutos, até a maçã soltar um pouco de líquido. Coloque-a em um pano limpo e esprema o excesso de líquido. Enxágue a tigela, seque bem e coloque a maçã de volta.

2 Junte o gengibre, o alho, a cebolinha, a carne de porco, o vinho chinês, o amido, o molho de soja e o óleo de gergelim. Mexa ou misture com as mãos até ficar o uniforme.

3 **Para montar os bolinhos:** Forre uma assadeira rasa com papel-manteiga. Encha uma tigela pequena com água. Deixe o recheio de porco e os discos de massa à mão. Faça um bolinho por vez, colocando 1 colher (sopa) do recheio no meio de um disco de massa. Molhe as bordas dos discos levemente e dobre o disco ao meio para cobrir o recheio. Belisque o meio do lado dobrado para selar e depois faça duas dobras para o centro a partir de cada lado, pressionando as dobras com os dedos úmidos para selar. Repita com o restante do recheio. (Guarde os discos de massa que sobrarem para outra receita.)

4 **Para cozinhar os bolinhos:** Aqueça o óleo em uma frigideira antiaderente grande em fogo médio-alto. Disponha os bolinhos com o lado das dobras para cima, formando uma camada só (faça em levas separadas se precisar). Cozinhe por cerca de 3 minutos, até dourar embaixo. Despeje ¼ de xícara de água com cuidado, tampe e reduza para fogo baixo. Cozinhe no vapor por 3 a 4 minutos, até a massa ficar quase translúcida e o recheio, bem cozido. Retire do fogo.

5 **Para fazer o molho:** Em uma tigela pequena, misture o alho, a cebolinha, o molho de soja, o vinagre, o óleo de pimenta, o óleo de gergelim e o gergelim. Sirva com os bolinhos quentes.

BOLINHOS

1 maçã pequena (cerca de 230 g) descascada e ralada grosseiramente

½ colher (chá) de sal mais uma pitada, separadas

1 pedaço de 5 mm de gengibre fresco, descascado e bem picado

1 dente de alho bem picado

4 talos de cebolinha em fatias finas

230 g de carne suína moída

1 colher (sopa) de vinho chinês de cozinha tipo Shaoxing

1 colher (chá) de amido de milho

1½ colher (chá) de molho de soja (shoyu)

½ colher (chá) de óleo de gergelim

1 pacote (340 g) de discos de massa para guioza ou wonton

2 colheres (sopa) de óleo vegetal

MOLHO

1 dente de alho bem picado

1 talo de cebolinha bem picado

3 colheres (sopa) de molho de soja (shoyu)

1 colher (sopa) de vinagre preto chinês tipo Chinkiang

1 colher (chá) de óleo de pimenta

1 colher (chá) de óleo de gergelim torrado

2 colheres (chá) de gergelim torrado

ASSISTA
A CAMINHO DA LUA

MISSA DA MEIA-NOITE

Bolo sangrento do anjo

Há algo de estranho acontecendo na ilha Crockett, uma pequena comunidade pesqueira. Primeiro, o monsenhor Pruitt, padre da Igreja Católica, desaparece em uma peregrinação para a Terra Santa, o que leva à chegada de um novo padre à ilha, Paul Hill. Em seguida, centenas de gatos mortos surgem na praia, e os paroquianos começam a ser curados de diversos males. Não é um milagre, pois a fonte desses mistérios é mais sinistra e sedenta de sangue.

Uma série de horror empolgante como *Missa da meia-noite* requer um bolo que realmente transmita a essência do programa: camadas escuras de chocolate, creme de manteiga bem cremoso com baunilha e um recheio de geleia de fruta escorrendo, vermelho como sangue. Para finalizar, um "sangue" decorativo fácil de fazer que pode ser espalhado por todos os lados do bolo. Este certamente será o centro das atenções em qualquer encontro temático de Dia das Bruxas.

ASSISTA
MISSA DA MEIA-NOITE

RENDIMENTO: 1 bolo de 20 cm com 3 camadas
PRÉ-PREPARO: 1 hora, mais 1 hora para esfriar
COZIMENTO: 30 minutos

 **VEGETARIANO**

BOLO DE CHOCOLATE

Spray culinário desmoldante

2¼ xícaras de farinha de trigo

1½ xícara de açúcar cristal

1 xícara mais 2 colheres (sopa) de cacau em pó sem açúcar, de processo holandês

1 colher (sopa) de café instantâneo

1½ colher (chá) de sal

1⅛ colher (chá) de fermento químico

1⅛ colher (chá) de bicarbonato de sódio

½ colher (chá) de canela em pó

3 ovos grandes

1 xícara mais 2 colheres (sopa) de buttermilk (leitelho)

1 xícara mais 2 colheres (sopa) de água quente

¾ de xícara de açúcar mascavo claro

1 colher (sopa) de extrato de baunilha puro

¾ de xícara de óleo vegetal

CREME DE MANTEIGA COM BAUNILHA

1 xícara (225 g) de manteiga sem sal

6 a 7 xícaras de açúcar impalpável

¼ de colher (chá) de sal

¼ de xícara de creme azedo

1 colher (chá) de extrato de baunilha

1 xícara de geleia de morango, de cereja ou de framboesa, sem sementes

2 colheres (chá) mais 2 gotas de corante alimentício vermelho, separadas

1 colher (sopa) de xarope de bordo (maple syrup)

1 **Para fazer o bolo de chocolate:** Preaqueça o forno a 180°C com uma grade na posição central. Borrife 3 assadeiras redondas de 20 cm com spray desmoldante e forre o fundo de cada uma com um disco de papel-manteiga. Borrife o papel-manteiga levemente. Coloque a farinha em uma tigela grande com o açúcar, o cacau em pó, o café instantâneo, o sal, o fermento, o bicarbonato, a canela e misture bem até ficar homogêneo. Faça uma cavidade nos ingredientes secos, quebre os ovos dentro dela e use um garfo para bater até desfazer as gemas. Junte o buttermilk, a água quente, o açúcar mascavo, a baunilha e o óleo. Use um batedor de arame para misturar os ingredientes até ficar uniforme e distribua a massa igualmente pelas assadeiras preparadas. Nivele o topo com uma espátula.

2 Leve as assadeiras ao forno e asse por 25 a 30 minutos, até que os bolos estejam levemente elásticos ao toque e um palito inserido no centro saia limpo.

3 Transfira para uma grade de resfriamento e deixe esfriar por 20 minutos. Vire as assadeiras para desenformar os bolos e tire o papel-manteiga. Vire novamente para deixar o topo virado para cima e deixe esfriar completamente, cerca de 30 minutos ou mais.

4 **Para fazer o creme de manteiga:** Enquanto os bolos esfriam, deixe a manteiga em temperatura ambiente por aproximadamente 45 minutos para amolecer e corte-a em pedaços de 2,5 cm.

5 Na batedeira, bata a manteiga por 3 a 4 minutos, até ficar cremosa e macia. Coloque o sal e ½ xícara de açúcar impalpável e bata em velocidade baixa até incorporar todo o açúcar. Sem parar de bater, coloque o restante do açúcar, ½ xícara por vez, e então acrescente o creme azedo e a baunilha. Bata em velocidade média por 2 a 3 minutos, até o creme ficar leve e aerado. Se estiver mole demais, coloque pequenas quantidades de açúcar de confeiteiro (sem amido) até formar picos firmes.

6 **Para montar o bolo:** Em uma tigela pequena, misture a geleia com 2 gotas de corante. Coloque mais corante, uma gota por vez, se quiser um vermelho mais vibrante.

7 Use uma faca serrilhada para aparar o topo arredondado de cada camada de bolo. Coloque a primeira camada em um suporte para bolos. Espalhe ¾ de xícara do creme de manteiga, formando uma camada uniforme por cima. Espalhe ½ xícara da geleia por cima do creme, deixando uma borda de 1 cm ao redor. Cubra com a segunda camada de bolo, mais ¾ de xícara do creme de manteiga e a ½ xícara restante de geleia. Cubra com a terceira camada de bolo. Espalhe uma camada fina de creme por cima e pelas laterais do bolo e refrigere por cerca de 15 minutos, até essa cobertura endurecer. Espalhe o restante do creme de manteiga por cima e pelas laterais do bolo.

8 Misture o xarope de bordo com as 2 colheres (chá) restantes de corante em uma tigela pequena. Use um pincel de silicone para confeitaria ou um garfo para manchar o bolo com o "sangue" falso.

SANTA CLARITA DIET

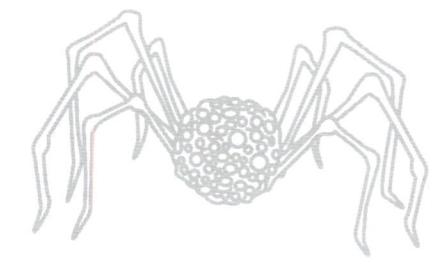

Bolo de carne morto-vivo

Em *Santa Clarita Diet*, a transformação de Sheila – de uma corretora de imóveis dos subúrbios para uma morta-viva – é rápida, imediata e também um choque tanto para seu marido, Joel, quanto para sua filha adolescente, Abby. Há muitos humores e alimentos para descobrir e inúmeros vizinhos policiais para enganar.

Para celebrar esta série macabra e hilária e também o Halloween – e sugerir a mais perfeita combinação de comida e série –, oferecemos este bolo de carne, que é nossa interpretação da cabeça morta-viva de Gary que atormenta Abby e Joel. Feito de carne de peru e salsicha de peru, pincelado com molho marinara e embrulhado com presunto cru, certamente será o deleite tanto dos vivos quanto dos mortos-vivos.

RENDIMENTO: 4–6 porções   **PRÉ-PREPARO:** 25 minutos   **COZIMENTO:** 50 minutos

1 colher (sopa) de azeite

1 chalota bem picada

2 dentes de alho bem picados

1 pimentão vermelho bem picado

Sal e pimenta-preta moída na hora

2 ovos grandes

30 g de queijo Parmigiano Reggiano ralado em tiras finas

1 maço pequeno de salsinha fresca (cerca de 15 g) picado

450 g de carne de peru moída, de preferência a parte escura

450 g de salsicha de peru tipo italiana, sem a pele se necessário

½ xícara de farelo de pão seco ou farinha de rosca

1 colher (chá) de orégano seco

2 colheres (chá) de molho inglês

½ xícara de molho marinara e mais um pouco para servir

1 cebola pequena

2 cravos inteiros

60 g de presunto cru em fatias

1 Aqueça o azeite em uma frigideira média em fogo médio-alto. Coloque a chalota, o alho, o pimentão e tempere com uma pitada de sal e outra de pimenta-preta. Cozinhe por 3 a 4 minutos, até que o pimentão e a chalota estejam macios e o alho esteja aromático. Transfira o refogado para um prato e deixe esfriar completamente, por cerca de 20 minutos.

2 Preaqueça o forno a 190°C com uma grade na posição central. Forre uma assadeira rasa com papel-manteiga. Bata os ovos em uma tigela média até ficar homogêneo e junte o refogado, o queijo, a salsinha, a carne moída, a salsicha, o farelo de pão, o orégano, o molho inglês e 1½ colher (chá) de sal. Tempere com um pouco de pimenta-preta e misture bem com as mãos.

3 Transfira a mistura para a assadeira preparada e molde no formato de uma cabeça. Afunde duas cavidades para os olhos, uma meia-lua para a boca e espalhe o molho marinara por cima de todo o bolo de carne.

4 Equilibre a cebola na base da raiz e corte duas fatias de 5 mm das laterais arredondadas da cebola. Pressione uma fatia em cada uma das cavidades dos olhos, com a parte arredondada para cima. Espete um cravo em cada fatia de cebola para fazer a pupila. Corte mais um pouco da cebola restante em quadrados de 1 cm para fazer os dentes e monte a boca. Regue os olhos e dentes de cebola com um pouco de azeite.

5 Leve o bolo de carne ao forno e asse por aproximadamente 40 minutos, até dourar e até o termômetro de leitura instantânea inserido na parte mais grossa marcar 75°C. Tire o bolo do forno e preaqueça o gratinador.

6 Disponha as fatias de presunto cru por cima, sobrepondo-as diagonalmente para dar a volta nos olhos e na boca.

7 Doure o bolo de carne por 2 a 3 minutos, até aquecer e tostar o presunto em certos pontos (fique atento, pois cada gratinador é diferente). Deixe descansar em temperatura ambiente por 5 minutos antes de servir, acompanhado de mais molho marinara quente.

ORANGE is the new BLACK

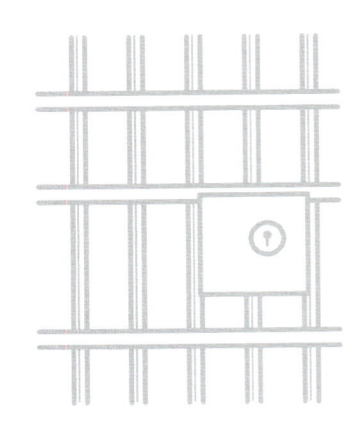

Bebida de Halloween

Nas quatro primeiras temporadas de *Orange Is the New Black*, Poussey Washington era bem conhecida em Litchfield por sua bebida feita em casa. Como a bebida era sempre compartilhada de bom grado ou por diversão, Poussey até recusou a oferta de Vee de vender o produto na segunda temporada.

Nosso coquetel à base de moonshine, um tipo de bebida destilada caseira, bom para ser servido no Halloween, obtém sua cor vibrante do suco de laranja e do néctar de manga, enquanto a ginger beer e o suco fresco de limão equilibram a doçura.

RENDIMENTO: 2 coquetéis
PRÉ-PREPARO: 10 minutos

 **VEGANO**

Suco de 1 limão recém-espremido

⅔ de xícara de suco de laranja

½ xícara de néctar de manga

½ xícara de destilado tipo moonshine ou uísque de milho (bourbon ou tennessee)

Gelo

¾ de xícara de refrigerante tipo ginger beer

2 rodelas finas de laranja para decorar

ASSISTA
ORANGE IS THE NEW BLACK

1 Coloque o suco de limão em uma coqueteleira e junte o suco de laranja, o néctar de manga e o moonshine. Complete a coqueteleira com gelo e agite bem até mesclar os ingredientes.

2 Coe a mistura para dentro de dois copos altos de coquetel tipo *highball* e complete com a ginger beer. Coloque alguns cubos de gelo e decore cada copo com uma rodela de laranja.

REQUENTADOS REPAGINADOS

O melhor almoço de sobras de Ação de Graças

Em *Requentados repaginados*, os participantes são desafiados a criar pratos novos a partir de diversas sobras. Em um episódio de Ação de Graças na terceira temporada, os três participantes agradaram os jurados com sanduíches feitos com as sobras de uma caçarola de vagens, de tender assado, de torta de maçã e de recheio de peru.

Para celebrar esse programa e a criatividade sem limites dos participantes, também decidimos focar em sobras de Ação de Graças. Primeiro transformamos o recheio do peru em waffles crocantes com queijo. Depois embebemos nossos waffles em um molho reconfortante de peru e cogumelos e cobrimos tudo com ovos fritos. Finalizamos o prato com cebolinha picada e molho quente. A geleia de cranberry para acompanhar nos parece mais necessária do que opcional.

RENDIMENTO: 4 porções
PRÉ-PREPARO: 20 minutos
COZIMENTO: 45 minutos

WAFFLES DE RECHEIO

2 ovos grandes

Sal e pimenta-preta moída na hora

230 g de queijo cheddar maturado ralado grosseiramente

4½ xícaras de sobra de recheio de peru assado (stuffing)

Spray culinário desmoldante para untar

MOLHO DE PERU COM COGUMELOS

115 g de champignons frescos, limpos e sem talos

1 colher (sopa) de azeite

1 chalota bem picada

1 dente de alho bem picado

¼ de colher (chá) de páprica defumada

Sal e pimenta-preta moída na hora

2 xícaras de sobra de carne de peru assado, desfiada em pedaços

½ xícara de caldo de frango com baixo teor de sódio

1 xícara de sobra de molho feito com caldo do peru (gravy)

OVOS FRITOS

1 colher (sopa) de manteiga sem sal

1 colher (sopa) de azeite

4 ovos grandes

Sal e pimenta-preta moída na hora

1 maço pequeno de cebolinha francesa fresca (cerca de 15 g) picado

Molho de pimenta para servir (opcional)

Sobra de geleia de cranberry para servir (opcional)

>>a receita continua na próxima página

>>O melhor almoço de sobras de Ação de Graças (continuação)

1 **Para fazer os waffles:** Preaqueça o forno a 120°C. Bata os ovos em uma tigela grande com uma pitada de sal e outra de pimenta, até ficar homogêneo. Coloque o queijo cheddar e a sobra de recheio nessa tigela e misture bem até ficar uniforme.

2 Unte levemente uma forma de ferro para waffles com o spray desmoldante e aqueça em fogo médio-alto. Coloque um pouco da mistura de recheio na fôrma de waffle e aperte para formar uma camada firme e uniforme. (A quantidade de recheio colocada para cada waffle vai variar dependendo da fôrma usada.) Feche e cozinhe por 4 a 6 minutos, até dourar e ficar bem cozido. Transfira o waffle pronto para uma assadeira rasa e leve ao forno para manter aquecido. Repita o processo com o restante da massa.

3 **Para fazer o molho de peru com cogumelos:** Corte os chapéus dos cogumelos em fatias finas. Aqueça o azeite em uma panela média em fogo médio-alto. Coloque a chalota, o alho, a páprica, uma pitada de sal e outra de pimenta e refogue por 2 a 3 minutos, até que a chalota fique macia. Adicione os cogumelos na panela e tempere com sal e pimenta. (Você pode colocar mais 1 colher [sopa] de óleo se a panela estiver muito seca.) Cozinhe por 4 a 5 minutos, até os cogumelos ficarem dourados e macios.

4 Acrescente a carne de peru na mesma panela e despeje o caldo de frango e o molho. Espere ferver, reduza para fogo baixo e cozinhe por cerca de 5 minutos, mexendo de tempos em tempos, até que a carne esteja aquecida e o molho tenha ficado espesso o bastante para cobrir as costas de uma colher. Tempere com sal e pimenta a gosto, tire do fogo e tampe para manter aquecido.

5 **Para fritar os ovos:** Aqueça a manteiga e o azeite em uma frigideira antiaderente grande em fogo médio-alto. Quebre os 4 ovos na frigideira e tempere com sal e pimenta. Cozinhe por 1 a 2 minutos, até as claras endurecerem. Tampe e cozinhe por mais 1 minuto, até as gemas estarem firmes nas bordas, mas ainda moles no centro. Transfira os ovos para um prato.

6 Cubra os waffles quentes com o molho de peru e cogumelos e depois com os ovos fritos. Finalize com a cebolinha. Se quiser, sirva com molho de pimenta, sobra de geleia de cranberry, ou ambos!

Banquete de bife bourguignon

Em *The Witcher*, o bruxo Geralt de Rivia, um mercenário caçador de monstros, está sempre matando criaturas de vários tipos. Na primeira temporada, ele acaba participando, ainda que de forma relutante, de um banquete real organizado pela rainha Calanthe para avaliar pretendentes para sua filha, a princesa Pavetta.

Banquetes reais luxuosos como esse precisam de pratos substanciosos e saborosos. Embora esse episódio seja mais focado na afetação e nas batalhas com espadas do que em discussões gastronômicas, nosso bife bourguignon é o prato ideal para servir. A receita francesa clássica pode ser feita com acém ou peito, mas usar bochechas bovinas é perfeito para um banquete real mágico durante o qual um cavaleiro com cabeça de porco-espinho ganhará o coração de uma princesa poderosa.

RENDIMENTO: 4 porções
PRÉ-PREPARO: 35 minutos
COZIMENTO: 3 horas e 30 minutos

1 pedaço de bacon (140 g)

900 g de bochechas bovinas

1 cebola grande

4 cenouras médias (450 g) separadas

3 dentes de alho grandes separados

3 ramos de tomilho fresco

1 maço médio de salsinha fresca (cerca de 30 g) dividido conforme a receita

3 colheres (sopa) de farinha de trigo

2 colheres (chá) de sal e mais um pouco para temperar

1 colher (chá) de pimenta-preta moída na hora e mais um pouco para temperar

3 colheres (sopa) de azeite separadas

1 colher (sopa) de extrato de tomate

2 folhas de louro

1 colher (sopa) de molho inglês

3 xícaras de vinho tinto de uva Pinot Noir

2 xícaras de caldo de carne

4 chalotas médias

2 colheres (sopa) de manteiga separadas

2 colheres (sopa) de azeite separadas

230 g de cogumelos cremini limpos e cortados em quartos no sentido do comprimento

Pão de casca firme ou macarrão de ovos na manteiga para servir

1 Preaqueça o forno a 160°C com uma grade na posição central. Corte o pedaço de bacon em fatias de 5 mm e depois corte na transversal em bastões de aproximadamente 1 cm. Seque as bochechas bovinas com batidinhas de papel-toalha e corte em cubos de 2,5 cm. Corte a cebola em quartos, deixando a base da raiz intacta. Descasque as cenouras e apare as pontas. Corte 2 cenouras ao meio no sentido do comprimento e depois corte ao meio na transversal. Corte as 2 cenouras restantes em pedaços de 2,5 cm. Descasque todo o alho e esmague 2 dentes. Pique bem o terceiro dente e reserve para o passo 8. Use barbante culinário para amarrar os ramos de tomilho e metade da salsinha, formando um feixe.

2 Forre um prato com papel-toalha. Aqueça uma panela grande de ferro ou cerâmica em fogo médio. Cozinhe o bacon por 5 a 7 minutos, até dourar. Use uma colher vazada para transferir o bacon cozido para o prato forrado com papel.

3 Enquanto o bacon frita, coloque a farinha em uma tigela média e misture com 2 colheres (chá) de sal e 1 colher (chá) de pimenta até ficar uniforme. Coloque a bochecha bovina na tigela e misture levemente para cobrir a carne.

4 Aumente o fogo da panela para médio-alto. Cozinhando em levas, frite a bochecha por 8 a 10 minutos, até dourar bem de todos os lados. Transfira para um prato e repita com o restante da carne.

>>a receita continua na próxima página

>>Banquete de bife bourguignon (continuação)

5 Na mesma panela, coloque os quartos de cebola, as metades de cenoura, o alho esmagado e 1 colher (sopa) do azeite. Tempere com sal e pimenta. Cozinhe por 3 a 4 minutos, raspando os pedaços tostados no fundo, até os vegetais dourarem. Coloque o extrato de tomate e cozinhe por mais 2 minutos, até que o extrato esteja um pouquinho mais escuro.

6 Junte a carne e seus sucos, o feixe de ervas, o louro, o molho inglês, o vinho tinto e o caldo de carne. Leve à fervura branda e tampe. Leve ao forno por 2 horas e meia, até a carne ficar bem macia. Enquanto isso, descasque as chalotas e corte em quartos no sentido do comprimento, deixando a base da raiz intacta.

7 Aqueça 1 colher (sopa) de manteiga e outra de azeite em uma frigideira grande em fogo médio-alto até derreter a manteiga. Coloque os pedaços de cenoura, as chalotas e tempere com sal e pimenta. Cozinhe por 5 a 7 minutos, até que os vegetais estejam macios. Transfira para uma tigela média e volte a frigideira ao fogo. Aqueça o restante da manteiga e do azeite e coloque os cogumelos. Tempere com sal e pimenta e cozinhe por aproximadamente 5 minutos, até os cogumelos ficarem dourados e macios. Transfira para a tigela com as cenouras e chalotas.

8 Pique bem o restante da salsinha e coloque em uma tigela pequena com o alho picado.

9 Quando a carne estiver macia, coloque a panela do cozido de volta no fogão. Use uma colher vazada para tirar o louro, o feixe de ervas, as cebolas, as cenouras, os dentes de alho esmagados e descarte. Tempere o molho com sal e pimenta a gosto. Coloque o bacon e a chalota salteada na panela do cozido, assim como a cenoura e o cogumelo. Cozinhe em fogo baixo por 2 a 3 minutos, até aquecer os vegetais.

10 Pouco antes de servir, adicione o alho e a salsinha picados. Sirva com pão de casca firme ou por cima de macarrão de ovos passado na manteiga. Ou então sirva com ambos!

THE GREAT BRITISH BAKING SHOW

Bolo natalino de frutas

No primeiro episódio da sétima temporada de *The Great British Baking Show*, o carro-chefe dos confeiteiros é um bolo de frutas. Amelia, uma designer de roupas esportivas de 24 anos, impressiona os jurados com o bolo de frutas de Natal de sua família, em formato espiralado, com geleia de damasco e estrelas de marzipã. Amelia usa uma fôrma Bundt do modelo Heritage, mas você pode usar qualquer fôrma Bundt de 6 xícaras.

Na nossa receita, demos uma incrementada nos damascos secos do bolo clássico e acrescentamos também cranberries secas e um pouco de extrato puro de baunilha. Amelia preparou seu marzipã no fogão, mas descobrimos que prepará-lo no processador fica igualmente delicioso, além de ser mais rápido. Depois que o bolo estiver assado, corte uma fatia grossa, prepare uma xícara de chá e assista ao que Paul e Prue tramaram para o próximo grupo de confeiteiros esperançosos!

RENDIMENTO: 1 bolo tipo Bundt
PRÉ-PREPARO: 25 minutos
COZIMENTO: 2 horas e meia, mais o tempo para esfriar

 VEGETARIANO

ASSISTA
THE GREAT BRITISH BAKING SHOW

BOLO

Spray culinário desmoldante para untar

1¾ xícara de farinha de trigo e mais um pouco para polvilhar

1 xícara de farinha de amêndoas

1 colher (chá) de sal

1 xícara de damascos secos bem picados

¼ de xícara de casca de limão-siciliano cristalizada bem picada

¼ de xícara de casca de laranja cristalizada bem picada

1 xícara de groselhas secas

1 xícara de uvas-passas brancas

½ xícara de cranberries secas

⅔ de xícara de cerejas em calda

⅓ de xícara mais 3 colheres (sopa), separadas, de conhaque de laranja ou licor de laranja

1 xícara mais 1 colher (sopa) de manteiga sem sal amolecida

1 laranja média

1 xícara de açúcar impalpável

½ xícara de açúcar mascavo claro

5 ovos grandes

2 colheres (chá) de extrato de baunilha puro

ESTRELAS DE MARZIPÃ

2 xícaras de farinha de amêndoas

1½ xícara de açúcar impalpável e mais um pouco para polvilhar

1 pitada de sal

½ colher (chá) de extrato de baunilha puro

½ colher (chá) de conhaque de laranja ou licor de laranja

2 a 3 colheres (sopa) de água

GELEIA DE BRILHO

1 vidro (230 g) de damascos em calda, escorridos

⅔ de xícara de açúcar cristal

3 colheres (sopa) separadas de conhaque de laranja ou licor de laranja

2 colheres (chá) de suco de limão--siciliano recém-espremido

1 **Para fazer o bolo:** Preaqueça o forno a 160°C com uma grade na posição central. Unte a fôrma Bundt generosamente com o spray culinário desmoldante e polvilhe com farinha, batendo para tirar o excesso. Em uma tigela média, coloque a 1¾ xícara de farinha restante, a farinha de amêndoas, o sal e misture.

2 Em uma panela média, coloque os damascos secos, as cascas cristalizadas, as groselhas, as passas, as cranberries, as cerejas e ⅓ de xícara do conhaque ou licor. Tampe e cozinhe em fervura branda em fogo baixo por cerca de 5 minutos, até que as frutas secas estejam macias e tenham absorvido o álcool. Transfira as frutas e o líquido que tenha sobrado para uma tigela rasa e deixe esfriar por cerca de 15 minutos, até atingir a temperatura ambiente. Limpe a frigideira com papel-toalha e reserve para o passo 8.

3 Corte a manteiga amolecida em pedaços de 1 colher (sopa). Rale finamente a casca de uma laranja e reserve ½ colher (chá) para o passo 6. Usando uma batedeira com o batedor tipo folha acoplado, coloque a manteiga na tigela com o açúcar impalpável, o açúcar mascavo e o restante das raspas de laranja. Bata em velocidade média por cerca de 5 minutos, até o creme ficar leve e aerado. Coloque os ovos, um por vez, batendo bem após cada acréscimo. Incorpore também a baunilha.

4 Coloque em velocidade baixa e junte os ingredientes secos, ⅓ por vez, batendo só até misturar. Incorpore as frutas já frias. Despeje toda a massa na assadeira preparada e nivele a superfície com uma espátula de silicone.

5 Leve ao forno e asse de 1 hora a 1 hora e 15 minutos, até que um palito inserido no centro saia limpo. Coloque a assadeira em uma grade de resfriamento e regue com as 3 colheres (sopa) restantes de conhaque ou licor. Espere 10 minutos e desenforme o bolo sobre a grade. Deixe esfriar completamente.

6 **Para fazer as estrelas de marzipã:** Coloque a farinha de amêndoas, 1½ xícara do açúcar impalpável e o sal no processador e pulse até misturar bem. Coloque a baunilha, o conhaque ou licor e as raspas de laranja reservadas. Pulse uma vez para misturar. Com o processador funcionando, coloque 1 colher (sopa) de água por vez, até que o marzipã comece a formar uma bola.

7 Em uma bancada polvilhada com açúcar impalpável, sove o marzipã algumas vezes para formar uma bola lisa sem pontos secos. Abra o marzipã até atingir 5 mm de espessura e use um cortador de biscoito em forma de estrela para cortar 20 estrelas. (Reserve o marzipã que sobrar para outra receita.)

8 **Para fazer a geleia de brilho:** Coloque os damascos e o açúcar na panela reservada. Cozinhe em fogo baixo por cerca de 5 minutos, até o açúcar dissolver. Junte 1 colher (sopa) do conhaque ou licor. Aumente o fogo para médio e cozinhe por 10 minutos, amassando os damascos com uma colher, até que as frutas estejam bem macias e a mistura esteja com textura similar à de geleia. Retire do fogo.

9 Apoie um coador de malha fina em cima de uma tigela pequena. Passe a geleia pelo coador, pressionando os sólidos com uma colher para extrair todo o líquido. Descarte os sólidos. Junte o suco de limão, as 2 colheres (sopa) restantes de conhaque ou licor e misture.

10 **Para decorar o bolo:** Pincele um pouco da geleia de brilho nas costas de cada estrela de marzipã e pressione as estrelas nas laterais do bolo. Pincele o bolo e as estrelas com a geleia de brilho.

▶▶ **Para acelerar**

Está sem tempo para fazer a geleia de brilho? Substitua por geleia de damasco aquecida.

▶▶ Para acelerar

Você também pode usar o micro-ondas. Transfira a pipoca para um saco de papel kraft e enrole a extremidade dele até fechar bem. Aqueça em potência máxima por 2 a 3 minutos, até que a pipoca pare de estourar. Deixe o saco fechado por cerca de 1 minuto, então transfira para a tigela preparada com as nozes-pecã.

CRÔNICAS DE NATAL 2

Pipoca explosiva de gingerbread

Em *Crônicas de Natal 2*, a senhora Noel dá a Jack alguns biscoitos mágicos de gengibre quando ele sai em busca da raiz levante, ingrediente de que ela precisa para reverter a maldição que Belsnickel lançou sobre os elfos. Jack usa um deles para assustar Jola, o gato mítico de Belsnickel, quando o bicho gigante tenta atacá-lo.

Mas a senhora Noel não faz apenas biscoitos explosivos. Ela prepara comidas saudáveis que "parecem e têm gosto das comidas que você ama". Portanto, os brócolis são um bolo com camadas verdes vibrantes e muita cobertura cremosa. Nossa pipoca festiva de gingerbread talvez não assuste seus inimigos nem seja uma couve-flor disfarçada, mas há algo de saudável escondido no caramelo de sidra com especiarias, nos chips crocantes de maçã e nas nozes-pecã tostadas. É o petisco perfeito para trazer energia em todas as suas maratonas de filmes natalinos na Netflix.

RENDIMENTO: 11 xícaras **PRÉ-PREPARO:** 30 minutos **COZIMENTO:** 1 hora

 VEGETARIANO   **SEM GLÚTEN**

Spray culinário desmoldante para untar

½ colher (chá) de óleo vegetal

⅓ de xícara de milho para pipoca

1½ colher (chá) de sal, porcionado conforme a receita

⅔ de xícara de nozes-pecã picadas grosseiramente

1 laranja

1 pedaço de 1 cm de gengibre fresco descascado cortado em fatias finas

2 paus de canela

1 xícara de sidra

1 xícara de açúcar mascavo claro

4 colheres (sopa) de manteiga sem sal

2½ colheres (sopa) de xarope de milho claro

1 colher (chá) de gengibre em pó

½ colher (chá) de canela em pó

Uma pitada de cravo em pó

¼ de colher (chá) de bicarbonato de sódio

1 xícara de chips de maçã desidratada

¼ de xícara de gengibre cristalizado bem picado

1 Preaqueça o forno a 120°C com uma grade na posição central. Forre uma assadeira rasa com um tapete antiaderente de confeitaria (tipo silpat) ou papel-manteiga e unte com spray culinário desmoldante. Unte levemente uma tigela grande com spray desmoldante.

2 Aqueça o óleo em uma panela média em fogo alto. Coloque o milho de pipoca na panela e tampe. Quando a pipoca começar a estourar, sacuda a panela constantemente até que pare de estourar. Tire a panela do fogo e use uma colher vazada ou concha para transferir a pipoca para a tigela preparada, descartando quaisquer grãos não estourados. Tempere com 1¼ colher (chá) de sal e junte as nozes-pecã.

3 Rale a casca da laranja finamente. Coloque o gengibre fresco em uma panela média com os paus de canela e a sidra. Leve à fervura branda em fogo médio, reduza o fogo para médio-baixo e cozinhe por 15 a 20 minutos, até que a sidra tenha sido reduzida a ¼ de xícara. Use uma colher vazada para tirar as fatias de gengibre e os paus de canela.

4 Na mesma panela, coloque as raspas de laranja, o açúcar mascavo, a manteiga, o xarope de milho, o gengibre em pó, a canela em pó, o cravo e o ¼ de colher (chá) restante de sal. Aumente o fogo para médio e cozinhe por 10 a 12 minutos, até que o caramelo atinja 120°C em um termômetro de açúcar. Junte o bicarbonato de sódio, tire a panela do fogo e misture até ficar homogêneo.

5 Despeje o caramelo sobre a pipoca e misture rapidamente para cobrir bem. Transfira para uma assadeira e espalhe, formando uma camada uniforme.

6 Leve ao forno e asse por 20 minutos, misturando na metade do processo, até que as nozes estejam tostadas. Retire do forno e junte os chips de maçã e o gengibre cristalizado. Deixe esfriar completamente e quebre em pequenos pedaços.

Prontos para assistir – ou reassistir – a seus episódios favoritos de *Bridgerton*? Estique o dedo mindinho, reúna os amigos e faça uma maratona épica com nossas divertidas sugestões de decoração, atividades, receitas e muito mais!

▶ **PLANEJAMENTO DO EVENTO**

Montagem do cenário

Pausa para o jogo

Receitas

1 Scones de cardamomo

2 Canapés de camarão

3 Sanduíches de ricota e mel para o chá

4 Chá digno de uma dama

5 Minitortas de sorvete de lamber a colher

PLANEJAMENTO DO EVENTO

Se você acha que já está pronto para aguentar a grande responsabilidade social de organizar sua própria maratona festiva de *Bridgerton*, então não há tempo a perder. É hora de polir a prataria, visitar a modista e dar uma olhada em nossas ideias e sugestões para sua festa.

▶ Montagem do cenário

Você será o assunto da cidade com toda esta ostentação.

- **Roupas:** Peça a todos os convidados que venham com suas melhores roupas de festa ou vestimentas inspiradas na época da Regência Britânica. Quem não adoraria uma desculpa para se vestir para um baile?

- **Faça você mesmo:** Envie convites físicos pelo correio. Você ganha pontos extras se forem escritos a mão com sua melhor caligrafia.

- **Decoração:** Use seus talheres mais bonitos, forre bandejas elegantes com panos rendados para exibir seus pratos deliciosos e acenda muitas velas para criar o clima de época.

▶Pausa para o jogo

- **_Croquet_ de mesa:** Faça um intervalo entre cada episódio de sua maratona e estique as pernas num jogo de _croquet_ de mesa! Use colheres de pau como taco (ou qualquer outro utensílio de cozinha que pareça apropriado) e um limão como bola, abra espaço na mesa e divirta-se!

- **Hora da dança:** Crie uma coreografia ou aprenda alguma coreografia em grupo com seus convidados. (Dica: não precisa nem ser uma música do século XIX, pode ser uma das músicas mais populares de hoje.)

- **Bebericar e pintar:** Organize um evento tipo "_sip and paint_", em que os participantes pintam quadros enquanto socializam e bebem algo, normalmente vinho. Se a pintura ficar muito ruim, o quadro sempre poderá ser colocado "no alto". (A expressão original "skied", derivada de "sky" [céu], significa pendurar um quadro tão alto que fica difícil de enxergar. Foi o que Benedict Bridgerton disse sem querer na frente do pintor de uma obra.)

- **Faça suas próprias joias:** Vá até uma loja de artesanato ou bijuterias, compre uma seleção de contas, correntinhas e outros itens para a confecção de colares e monte um espaço especial para seus convidados. Mas não inclua nenhum rubi, senão podem te confundir com lorde Featherington!

- **Adivinhe a música:** Enquanto estiverem assistindo aos episódios, peça aos convidados que identifiquem qual música pop recebeu um arranjo instrumental na série. Quem errar precisa tomar um gole de bebida!

Scones de cardamomo

Durante uma conversa acalorada com lady Danbury no primeiro episódio da segunda temporada de *Bridgerton*, Kate declara firmemente: "Eu detesto chá inglês". Nossa receita de scone se baseia no clássico scone britânico servido com chá e acrescenta um toque especial com sabores indianos de cardamomo, gengibre, canela, raspas de laranja, entre outras coisinhas. Já que bons scones precisam ser servidos com camadas generosas de nata ou manteiga e geleia, também criamos uma geleia de ameixas frescas com gengibre e o ingrediente favorito de Kate: um toque de cardamomo.

RENDIMENTO: 8 scones
PRÉ-PREPARO: 10 minutos
COZIMENTO: 1 hora

 VEGETARIANO

GELEIA DE AMEIXA E GENGIBRE

230 g de ameixas frescas cortadas ao meio, sem caroço e cortadas em pedaços de 1 cm

1 pedaço de 5 mm de gengibre fresco descascado e bem picado

½ xícara de açúcar cristal

2 colheres (chá) de suco de limão-siciliano espremido na hora

¼ de colher (chá) de cardamomo em pó

SCONES

1 laranja pequena

⅓ de xícara de açúcar cristal

2 xícaras de farinha e mais um pouco para polvilhar

2½ colheres (chá) de fermento químico

1¼ colher (chá) de cardamomo em pó

¾ de colher (chá) de gengibre em pó

¾ de colher (chá) de canela em pó

½ colher (chá) de sal

⅛ de colher (chá) de cravo em pó

⅛ de colher (chá) de sementes de coentro em pó

½ xícara de manteiga sem sal gelada

2 ovos grandes separados

½ xícara de creme de leite fresco com alto teor de gordura

Açúcar turbinado ou demerara para polvilhar

Nata ou manteiga com sal para servir

1 **Para fazer a geleia de ameixa com gengibre:** Coloque a ameixa, o gengibre e o açúcar em uma panela média. Cozinhe por 10 minutos em fogo médio-alto, mexendo frequentemente, até que as ameixas estejam bem macias e o líquido todo tenha engrossado.

2 Coloque o suco de limão e o cardamomo na mesma panela e misture bem. Abaixe o fogo para médio e cozinhe por mais 5 minutos, até que, ao passar uma espátula pela geleia, dê para criar uma fenda que se mantenha por alguns segundos antes de se fechar. Retire a geleia do fogo e deixe esfriar completamente.

3 **Para fazer os scones:** Rale finamente a casca da laranja em uma tigela pequena. Junte o açúcar e esfregue a mistura com os dedos até ficar aromática e levemente úmida.

4 Em uma tigela média, coloque 2 xícaras da farinha, o fermento, o cardamomo, o gengibre, a canela, o sal, o cravo, o coentro e misture até ficar uniforme. Incorpore a mistura de açúcar e raspas de laranja.

5 Coloque um ralador por cima da mistura e rale a manteiga gelada pelos furos maiores. Misture levemente para cobrir a manteiga com a farinha e esfarele a mistura com as mãos até obter uma farofa grossa com alguns pedaços maiores de manteiga.

6 Faça uma cavidade no centro da mistura e quebre um dos ovos grandes dentro dela. Acrescente o creme de leite e mexa só até misturar bem os ingredientes. Transfira a massa para a bancada e sove com cuidado até dar liga.

7 Dobre a massa ao meio e pressione as camadas com cuidado. Gire a massa um quarto de volta e repita o processo de dobra. Repita o processo mais duas vezes e depois abra a massa em um retângulo de aproximadamente 2,5 cm de espessura.

8 Forre uma assadeira rasa com papel-manteiga. Use um cortador redondo de 8 cm para cortar a massa em scones, pressionando de cima para baixo sem girar, e tirando de uma vez também. (Girar o cortador fechará as camadas de massa e não deixará o scone crescer do jeito certo.) Transfira os scones para a assadeira preparada à medida que forem sendo cortados. Sove as aparas com cuidado, abra a massa novamente e corte mais scones. Deixe-os descansar em temperatura ambiente por 30 minutos.

9 Preaqueça o forno a 200°C com uma grade na posição central. Quebre o outro ovo em uma tigela e bata até ficar uniforme. Pincele o topo dos scones com o ovo e polvilhe com o açúcar turbinado ou demerara.

10 Leve ao forno e asse por 10 a 12 minutos, até que os scones estejam crescidos e dourados. Deixe esfriar um pouco e sirva com a geleia de ameixa e a nata ou manteiga salgada.

Canapés de camarão

Seja para um baile, um passeio de braços dados ou uma maratona no conforto do sofá, estes elegantes canapés de massa folhada recheados com uma salada de camarões com ervas são o petisco perfeito.

RENDIMENTO: 16 canapés
PRÉ-PREPARO: 20 minutos, mais o tempo de descongelamento
COZIMENTO: 50 minutos, mais o tempo para refrigerar

DIAMANTES DE MASSA FOLHADA

Farinha de trigo para polvilhar

1 folha de massa folhada comprada pronta e descongelada na geladeira

1 ovo grande

SALADA DE CAMARÃO ESCALFADO

¾ de xícara de vinho branco

2 folhas de louro

2 ramos de salsinha fresca

Sal e pimenta-preta moída na hora

1 limão-siciliano cortado ao meio

450 g de camarões médios descascados e limpos

4 ramos de estragão

¼ de xícara de maionese

1 colher (sopa) de azeite

1 colher (chá) de mostarda de Dijon

½ colher (chá) de vinagre de vinho branco

2 talos de aipo bem picados

1 maço pequeno de cebolinha francesa fresca (cerca de 7 g) bem picado

1 **Para fazer os diamantes de massa folhada:** Forre uma assadeira rasa com papel-manteiga. Em uma superfície levemente enfarinhada, abra a massa folhada descongelada em um retângulo de 25 cm × 40 cm. Use uma faca afiada para cortar esse retângulo em quadrados de pouco mais de 6 cm.

2 Trabalhando com um quadrado por vez, gire a massa de modo a parecer um losango. Dobre o losango ao meio unindo a ponta inferior à ponta superior. Agora o formato será um triângulo. Comece fazendo um corte do lado esquerdo, a 5 mm da borda, do canto inferior até 5 mm abaixo do topo. Repita o processo no lado direito. Desdobre a massa de volta em um losango. Traga o lado esquerdo para a direita, passando por cima do centro, e depois cruze o lado direito para a esquerda também. A massa ficará com o formato de um diamante, com pontas torcidas em cima e embaixo e uma borda elevada nas laterais. Transfira para a assadeira preparada e repita o processo com os outros quadrados.

3 Quebre o ovo em uma tigela pequena e bata com um garfo. Pincele as bordas levemente com um pouco do ovo batido. (Não pincele as laterais.) Leve à geladeira por 15 a 20 minutos, até que a camada de ovo tenha secado e a massa esteja firme novamente.

4 Preaqueça o forno a 190°C com uma grade na posição central. Leve a massa ao forno e asse por 25 a 30 minutos, girando a assadeira na metade do processo, até que os diamantes estejam crescidos e dourados. Transfira-os para uma grade de resfriamento e deixe esfriar enquanto você prepara o recheio.

5 **Para fazer a salada de camarão escalfado:** Em uma panela média, coloque 2 xícaras de água fria, o vinho, o louro, a salsinha, 1 colher (chá) de sal e um pouco de pimenta-preta. Esprema o limão e coloque as metades dele dentro também. Leve ao fogo alto até ferver, depois abaixe o fogo para médio e deixe em fervura branda por 5 minutos.

6 Coloque metade dos camarões na mesma panela e escalde por 1 a 2 minutos, até ficarem opacos. Use uma colher vazada a fim de transferir os camarões cozidos para um prato, para esfriar. Repita o processo com o restante dos camarões. Pique os camarões cozidos em pedaços de 1 cm e leve à geladeira por aproximadamente 5 minutos, até esfriarem.

7 Arranque as folhas de estragão dos talos e pique bem até obter 1 colher (chá). (Reserve o que sobrar para outra receita.) Coloque a maionese em uma tigela média e misture com o azeite, a mostarda e o vinagre até ficar uniforme. Tempere com sal e pimenta a gosto e junte o camarão, o aipo, o estragão e metade da cebolinha.

8 Distribua colheradas da salada de camarão pelos centros dos diamantes de massa folhada e finalize com o restante da cebolinha.

Sanduíches de ricota e mel para o chá

Sendo fã de *Bridgerton*, você com certeza já notou que as abelhas aparecem nos lugares mais inusitados, inclusive bordadas na camisa de Benedict. Mas o auge de todo esse "zum-zum-zum" ocorre quando descobrimos que o finado visconde Edmund Bridgerton morreu depois de ser picado por uma abelha ao colher uma flor para a esposa. Honramos a doçura da família que ele deixou com estes sanduíches elegantes para servir com chá. Rápidos de fazer e deliciosos de comer, estas guloseimas funcionam tanto para uma maratona mais longa de *Bridgerton* quanto para fazer uma boquinha antes de apertar "play" no próximo episódio.

RENDIMENTO: 12 sanduíches
PRÉ-PREPARO: 20 minutos

1 limão-siciliano

1 xícara de ricota fresca

Sal e pimenta-preta moída na hora

8 fatias bem finas de pão de forma branco

2 nectarinas médias cortadas ao meio, sem caroço e cortadas em fatias finas

½ xícara de amoras cortadas ao meio

1 colher (sopa) de mel

1 Rale finamente a casca do limão-siciliano em uma tigela média. Coloque a ricota na tigela e misture bem. Tempere com sal e pimenta a gosto.

2 Disponha as fatias de pão sobre a bancada e espalhe a ricota por cima, fazendo uma camada uniforme. Distribua a nectarina sobre 2 fatias, e depois coloque as amoras nas outras 2 fatias. Regue as frutas com o mel e cubra com as fatias restantes de pão.

3 Use uma faca afiada para tirar as cascas do pão e corte cada sanduíche em 3 retângulos.

ASSISTA
BRIDGERTON

NETFLIX

Chá digno de uma dama

Para matar a sede enquanto espera os desdobramentos da série (e dos vestidos!), oferecemos nossa versão do Arnold Palmer, um drinque não alcoólico digno de *Bridgerton*. Nesta receita, a doçura da limonada com gengibre e tomilho reflete as oportunidades de amor e fofocas deliciosas a todo momento, enquanto o chá Earl Grey estimulante traz o toque de cafeína necessário para manter sua animação até chegar a próxima edição do jornal de lady Whistledown.

RENDIMENTO: 4 porções
PRÉ-PREPARO: 10 minutos
COZIMENTO: 30 minutos, mais o tempo para refrigerar

 VEGANO  SEM GLÚTEN

7 xícaras de água separadas

1 xícara de açúcar cristal

1 ramo de tomilho-limão e mais um pouco para finalizar

1 pedaço de 3 mm de gengibre fresco descascado e cortado em palitos finos

¾ de xícara de suco de limão--siciliano espremido na hora

1 laranja

5 saquinhos de chá tipo Earl Grey

Gelo para servir

1 Coloque 1 xícara de água em uma panela pequena com o açúcar, o tomilho e o gengibre.

2 Leve ao fogo baixo e cozinhe por 3 minutos, mexendo até dissolver o açúcar. Aumente o fogo para médio até obter uma fervura branda. Cozinhe por cerca de 4 minutos, mexendo de tempos em tempos, até o xarope reduzir um pouco e ficar aromático. Retire do fogo e deixe esfriar por 10 minutos. Remova o tomilho e o gengibre.

3 Em um copo medidor grande, coloque o xarope, 2 xícaras de água e o suco de limão. Refrigere a limonada por cerca de 30 minutos, até ficar gelada.

4 Use um descascador de vegetais para remover 2 tiras de 5 cm da casca da laranja. Coloque as 4 xícaras restantes de água em uma panela média e leve à fervura. Junte as tiras de casca, os saquinhos de chá e tire do fogo. Deixe em infusão por 7 minutos e descarte os saquinhos de chá e as cascas. Refrigere o chá por aproximadamente 30 minutos, até ficar gelado.

5 Divida a limonada igualmente em 4 copos altos de coquetel tipo *highball* e preencha até a metade com gelo. Complete com o chá gelado e decore com ramos de tomilho.

Minitortas de sorvete de lamber a colher

Nós nos inspiramos na sorveteria Gunter's e na popularidade dos sorvetes entre a elite britânica para criar estas tortinhas de sorvete individuais. Nesta receita, colocamos colheradas de sorvete, aromatizado com raspas de limão e gengibre cristalizado, sobre uma massa de torta clássica tipo pâte sucrée e cobrimos com damascos frescos, geleia de damasco e pistache bem picado. Se você não tiver forminhas de torta individuais, pode usar uma fôrma de 20 ou 23 cm com fundo removível e fazer uma torta maior.

RENDIMENTO: 4 minitortas
PRÉ-PREPARO: 15 minutos
COZIMENTO: 1 hora e 15 minutos, mais 3 horas para gelar

🌿 **VEGETARIANO**

1 xícara de farinha de trigo mais 2 colheres (sopa), e mais um pouco para polvilhar

¼ de xícara de açúcar cristal mais 1 colher (chá), separadas

¼ de colher (chá) de sal

½ xícara de manteiga sem sal

1 gema

2 colheres (sopa) de creme de leite fresco com alto teor de gordura

2 limões-sicilianos

¼ de xícara de gengibre cristalizado bem picado

3 xícaras de sorvete de creme amolecido

1 colher (chá) de licor de limão-siciliano (opcional)

2 colheres (sopa) de geleia de damasco

5 damascos frescos cortados ao meio, sem caroço e cortados em fatias finas

3 colheres (sopa) de pistache descascado bem picado

>>a receita continua na próxima página

>>Minitortas de sorvete (continuação)

1 **Para fazer a massa da torta:** Coloque a farinha em uma tigela grande com ¼ de xícara de açúcar, o sal e misture até ficar homogêneo. Corte a manteiga em pedaços pequenos e coloque na tigela com a farinha. Use as mãos para esfarelar a manteiga na farinha até obter uma farofa grossa. Faça uma cavidade nos ingredientes secos e despeje a gema e o creme de leite dentro dela. Bata a gema e o creme com um garfo até ficar uniforme. Use uma espátula para misturar os ingredientes líquidos nos secos até formar uma massa. Transfira para uma superfície levemente enfarinhada. Sove algumas vezes e molde em 1 disco com 2,5 cm de espessura. Divida a massa em quatro e modele cada pedaço em um disco menor. Embrulhe cada disco em filme plástico e refrigere por cerca de 1 hora, até a massa ficar firme.

2 Abra cada pedaço de massa em uma superfície levemente enfarinhada até obter um disco de 15 cm de diâmetro. Use os dedos para forrar a base e as laterais de uma fôrma de torta de 10 cm com a massa, aparando qualquer excesso. Leve à geladeira enquanto repete o processo com os outros três discos.

3 Preaqueça o forno a 180°C com uma grade na posição central. Coloque as tortas em uma assadeira rasa. Forre cada torta com um quadrado de 12,5 cm de papel-manteiga e encha as cavidades com pesos para torta ou feijões secos. Leve ao forno e asse por 15 a 20 minutos, até dourar. Tire o papel-manteiga e os pesos, devolva ao forno e asse por cerca de 10 minutos, até a base dourar de leve. Transfira para uma grade de resfriamento e deixe esfriar completamente.

4 Desenforme cuidadosamente as massas e coloque-as em uma assadeira rasa.

5 Rale a casca dos limões-sicilianos finamente. Coloque as raspas em uma tigela média com o gengibre, o sorvete e o licor de limão, se quiser, e misture bem.

6 Distribua a mistura de sorvete pelas massas de torta e use uma espátula para nivelar os topos. Leve ao congelador por pelo menos 4 horas, até ficar bem firme.

7 Pouco antes de servir, coloque a geleia de damasco e 1 colher (chá) de água em uma tigela refratária. Aqueça no micro-ondas em potência alta por cerca de 15 segundos, até que a geleia esteja levemente mais líquida. Coloque os damascos em uma tigela pequena com a colher restante de açúcar e misture bem.

8 Disponha as fatias de damasco sobre o sorvete, formando círculos concêntricos sobrepostos, e pincele as frutas com a geleia. Polvilhe com o pistache picado e sirva imediatamente.

Doces inspirações

Este capítulo de sobremesas, como o final perfeito para qualquer refeição, é repleto de gostosuras açucaradas trazidas de alguns dos programas mais doces da Netflix e inspiradas em outros filmes e séries memoráveis.

BOLO DE COCO COM BISCOITO

¾ de xícara de manteiga sem sal

Spray culinário desmoldante para untar

18 biscoitos tipo graham cracker ou outro biscoito à base de trigo, como Maria (cerca de 280 g)

¾ de xícara de coco em flocos adoçado

¾ de xícara de farinha de trigo

3¼ colheres (chá) de fermento químico

¾ de colher (chá) de sal

1 xícara de açúcar cristal

3 ovos grandes

1½ colher (chá) de extrato de baunilha puro

1½ colher (chá) de rum com sabor de coco (opcional)

1 xícara mais 2 colheres (sopa) de leite integral

RECHEIO DE CARAMELO SALGADO

½ xícara de açúcar cristal

1 colher (sopa) de xarope de milho claro

2 colheres (sopa) de água

½ xícara de creme de leite fresco com alto teor de gordura

2 colheres (sopa) de creme azedo

¾ de colher (chá) de sal

CREME DE MANTEIGA COM COCO

¾ de xícara de manteiga sem sal

5 xícaras de açúcar impalpável separadas

1 colher (chá) de extrato de baunilha puro

½ colher (chá) de sal

¾ de xícara de leite de coco cremoso em lata, não adoçado

Corante alimentício azul

Confeitos de sereia ou com tema de fundo do mar (opcional)

SUGAR RUSH

Bolo sombreado oceânico doce e salgado

No episódio "Bolos são a nova onda" de *Sugar Rush*, o jurado convidado Richard Blais pede que as duas equipes finalistas criem bolos que representem uma paisagem subaquática. A equipe vitoriosa, de Rebecca e Jenn, cria uma cena deslumbrante por cima de seu bolo de chocolate com creme de manteiga com café, incluindo até um polvo com chapéu de chef.

Nós nos inspiramos nessas criações aquáticas para criar nosso próprio bolo com tema marinho. Camadas de bolo com biscoito e coco nos remetem a praias quentes e arenosas, enquanto o creme sombreado de coco traz os tons de azul mais profundos do próprio oceano.

RENDIMENTO: 1 bolo de 20 cm
PRÉ-PREPARO: 35 minutos, mais o tempo de amaciar
COZIMENTO: 1 hora e 30 minutos, mais o tempo para resfriar

🌱 VEGETARIANO

1 **Para fazer o bolo de coco com biscoito:** Deixe a manteiga em temperatura ambiente por 40 minutos para amolecer. Preaqueça o forno a 180°C com uma grade na posição central. Unte 3 assadeiras redondas de 20 cm com spray desmoldante e forre o fundo de cada uma com papel-manteiga. Bata os biscoitos no processador até obter uma farofa fina (deve render 2¼ xícaras dessa farofa.)

2 Espalhe o coco em flocos em uma travessa para torta até formar uma camada uniforme. Toste o coco no forno por 5 a 7 minutos, até dourar. Tire do forno e deixe esfriar completamente.

3 Coloque a farofa de biscoito em uma tigela média com a farinha, o fermento químico, o sal e misture bem.

4 Corte a manteiga amolecida em pedaços de 2,5 cm e coloque-os na tigela de uma batedeira com o batedor tipo folha acoplado. Junte o açúcar e bata em velocidade média por 3 a 5 minutos, até ficar leve e aerado. Coloque os ovos, um por vez, batendo bem após cada acréscimo. Coloque a baunilha e o rum, se for usar. Bata em velocidade baixa enquanto incorpora ⅓ dos ingredientes secos e então junte metade do leite e misture até ficar uniforme. Repita com o restante dos ingredientes e do leite, finalizando com o último terço dos ingredientes secos. Polvilhe o coco tostado por cima e incorpore até ficar uniforme.

>>a receita continua na próxima página

5 Distribua a massa do bolo pelas assadeiras e nivele os topos com uma espátula. Asse na grade central do forno por 20 a 25 minutos, até que os bolos fiquem levemente elásticos ao toque e um palito inserido no centro saia limpo.

6 Coloque os bolos sobre uma grade de resfriamento e deixe esfriar por 10 minutos. Desenforme-os sobre outra grade, tire o papel-manteiga e vire novamente o bolo com cuidado para deixar o topo arredondado para cima. Deixe esfriar completamente.

7 **Para fazer o caramelo salgado:** Coloque o açúcar em uma panela média com o xarope de milho, a água e misture com cuidado até o açúcar ficar umedecido uniformemente (tome cuidado para não respingar açúcar pelas laterais). Cozinhe em fogo alto por cerca de 5 minutos, até formar um xarope de cor âmbar escura que atinja 175°C em um termômetro de leitura instantânea. Tire a panela do fogo. Com um batedor de arame, incorpore o creme de leite e o sal com cuidado e depois adicione o creme azedo (a mistura vai borbulhar e subir). Transfira para uma tigela média e deixe esfriar até o caramelo atingir a temperatura ambiente.

8 **Para fazer o creme de manteiga com coco:** Deixe a manteiga em temperatura ambiente por cerca de 40 minutos. Peneire 4½ xícaras do açúcar impalpável em uma tigela para tirar quaisquer grumos. Corte a manteiga em pedaços de 1 cm e coloque-os na tigela de uma batedeira com o batedor tipo folha. Bata a manteiga em velocidade média por 2 a 3 minutos, até ficar leve e aerada. Junte o açúcar impalpável, a baunilha, o sal e o leite de coco e bata em velocidade baixa até ficar uniforme. Aumente a velocidade para média e bata por 2 a 3 minutos, até a mistura ficar leve e aerada. Se parecer que a cobertura está mole demais, coloque mais açúcar impalpável, ¼ de xícara por vez.

9 **Para montar o bolo:** Use uma faca serrilhada para aparar o topo arredondado das camadas de bolo. Disponha uma camada de bolo com o lado cortado para cima em um suporte ou travessa para bolo. Espalhe ⅔ de xícara do creme de manteiga com coco no topo do bolo em uma camada uniforme. Depois, espalhe metade do caramelo salgado por cima do creme de manteiga, deixando uma borda de pouco mais de 1 cm. Cubra com a segunda camada de bolo. Espalhe mais ⅔ de xícara do creme de manteiga por cima do bolo e cubra com o restante do caramelo. Cubra com a última camada de bolo e espalhe ⅔ de xícara do creme de manteiga por cima. Cubra as laterais do bolo com uma camada fina de creme de manteiga e leve à geladeira por aproximadamente 30 minutos, até a cobertura firmar.

10 Distribua a cobertura restante igualmente em 5 tigelas. Use o corante azul para colorir a cobertura em 4 das tigelas, aumentando a quantidade em cada tigela para obter tons cada vez mais escuros, que usaremos para criar o efeito de sombreado degradê. Coloque a cobertura branca em um saco de confeitar com um bico perlê. Faça um anel de cobertura branca ao redor do topo do bolo. Esprema a cobertura branca que tiver sobrado de volta dentro de sua tigela original e preencha o saco de confeitar com o tom mais claro de azul. Faça um anel azul-claro debaixo do anel branco e repita esse processo com o restante das coberturas, indo dos tons mais claros aos mais escuros.

11 Segure o lado reto de uma espátula de cortar massa ou de nivelar bolos na lateral do bolo e gire o suporte ou travessa para remover o excesso de cobertura das laterais. Use uma faca para ondular a cobertura e dar um acabamento parecido com as ondas do mar.

Para Todos os Garotos
AGORA E PARA SEMPRE

Cupcakes com coração escondido

Baseado no romance *Agora e para sempre, Lara Jean*, de Jenny Han, *Para todos os garotos: agora e para sempre* dá continuidade à história de amor de Lara Jean Covey e Peter Kavinsky com a entrada deles no último ano do ensino médio. No começo do filme, Lara Jean está escrevendo uma carta para Peter na cafeteria 2D Greem em Seul, na Coreia do Sul. Enquanto Lara Jean fala sobre Peter, ela saboreia cupcakes com cobertura em espirais cor de neon.

Assim como o amor de Lara Jean foi primeiro escrito em cartas e escondido em uma caixa, a surpresa deste cupcake de limão de duas cores está escondida dentro dele. Um saco de confeitar com um bico ajudará a fazer a cobertura mostrada na cena da cafeteria Greem, e o uso de confeitos exagerados, embora seja opcional, faz referência ao quarto colorido e florido de Lara Jean.

RENDIMENTO: 12 cupcakes
PRÉ-PREPARO: 1 hora, mais 1 hora e 30 minutos para esfriar
COZIMENTO: 30 minutos

🌱 **VEGETARIANO**

CUPCAKES

½ xícara de manteiga sem sal

Spray culinário desmoldante

2 xícaras de farinha de trigo

1 colher (sopa) de fermento químico

¾ de colher (chá) de sal

1½ xícara de açúcar cristal

1 limão-siciliano

3 ovos grandes

1 xícara de leite integral

⅛ de colher (chá) de corante alimentício vermelho

½ colher (chá) de licor ou extrato de framboesa (opcional)

1 colher (chá) de extrato de baunilha puro

CREME DE MANTEIGA BICOLOR

½ xícara de manteiga sem sal

1 limão-siciliano

1 pitada de sal

4 xícaras de açúcar impalpável separadas

⅓ de xícara de creme de leite fresco com alto teor de gordura

Corante alimentício amarelo

¼ de colher (chá) de licor ou extrato de framboesa (opcional)

Corante alimentício vermelho

Confeitos coloridos ou de coração para decorar (opcional)

1 Para fazer os cupcakes: Deixe a manteiga em temperatura ambiente por cerca de 40 minutos para amolecer. Forre uma fôrma para cupcakes de 12 cavidades com forminhas de papel. Unte uma assadeira de 20 cm com spray culinário desmoldante e forre com papel-manteiga, deixando estender por cima de duas laterais. Preaqueça o forno a 180°C com uma grade na posição central.

2 Coloque a farinha em uma tigela pequena com o fermento, o sal, misture bem e reserve. Corte a manteiga amolecida em pedaços de 2,5 cm e coloque em uma tigela média com o açúcar. Rale finamente a casca de 1 limão-siciliano e coloque as raspas na mesma tigela. Use uma batedeira portátil em velocidade média e bata a mistura de manteiga, açúcar e raspas de limão por 2 a 3 minutos, até ficar leve e aerado. Bata em velocidade média-baixa enquanto acrescenta os ovos, um por vez, raspando a lateral da tigela se necessário. Em velocidade baixa, continue a bater enquanto acrescenta a mistura de farinha e o leite alternadamente, começando e terminando com a farinha. Bata até ficar uniforme.

3 Coloque 1½ xícara da massa de cupcake em uma tigela média e misture o corante vermelho. Junte o licor ou extrato de framboesa, se quiser. (Coloque mais corante, uma ou duas gotas por vez, se quiser um tom mais escuro.) Despeje toda a massa na assadeira forrada com papel-manteiga e nivele a superfície com uma espátula. Asse na grade central por cerca de 12 minutos, até que um palito inserido no centro saia limpo. Transfira para uma grade de resfriamento e deixe esfriar completamente.

>>a receita continua na próxima página

157

>>Cupcakes com coração escondido (continuação)

4 Use a sobra de papel para levantar com cuidado o bolo vermelho e transferi-lo para uma tábua de corte. Corte 12 corações usando um cortador de biscoito de 2,5 cm em forma de coração. (Faça um lanchinho com as aparas!)

5 Junte o extrato de baunilha no restante da massa. Divida a massa entre as cavidades da fôrma de cupcakes. Com cuidado, coloque um coração verticalmente no centro de cada cavidade e cubra com o restante da massa.

6 Leve ao forno e asse por 16 a 18 minutos, até que os cupcakes estejam firmes e um palito inserido no centro saia limpo. Deixe esfriar completamente.

7 **Para fazer o creme bicolor:** Enquanto os cupcakes estiverem assando, deixe a manteiga em temperatura ambiente por 40 minutos. Corte-a em pedaços de 1 cm e coloque-os em uma tigela pequena. Rale finamente a casca do limão e coloque as raspas na manteiga. Use uma batedeira portátil e bata em velocidade média por 3 a 4 minutos, até a manteiga ficar cremosa e macia. Coloque o sal, ½ xícara do açúcar impalpável e bata em velocidade baixa até incorporar tudo. Sem parar de bater, coloque o restante do açúcar, ½ xícara por vez, e depois o creme de leite. Bata em velocidade média por 2 a 3 minutos, até o creme ficar leve e aerado.

8 Transfira metade do creme para outra tigela. Junte o corante amarelo, uma ou duas gotas por vez, até o creme ganhar uma cor amarela ensolarada. Misture o licor ou o extrato de framboesa, se for usar, no restante do creme branco e pingue o corante vermelho, uma ou duas gotas por vez, até obter uma cor rosa vibrante.

9 **Para decorar o bolo:** Encaixe um bico tipo pitanga ou perlê em um saco de confeitar e dobre a parte de cima do saco para baixo. Espalhe o creme amarelo com cuidado por um dos lados do saco até chegar no bico e depois coloque o creme rosa do outro lado. Desenrole a parte de cima do saco e torça o topo para firmar. Confeite voltas do creme colorido por cima dos cupcakes já frios e decore com confeitos se quiser. Compartilhe com alguém que você ama!

O GAMBITO DA RAINHA
Bolo xadrez de chocolate

No começo de *O gambito da rainha*, quando Beth ainda está no orfanato, ela fica deitada em sua cama imaginando um tabuleiro de xadrez no teto e elaborando jogadas cada vez mais complicadas em sua mente.

Bem, provavelmente você não pensa em jogadas de xadrez antes de cair no sono, mas que tal imaginar um bolo inspirado em um tabuleiro de xadrez? Isso sim é um sonho! Assim como o clássico bolo inglês Battenberg, este bolo xadrez de chocolate usa dois sabores, baunilha e chocolate, para criar o visual xadrez característico. Esta criação maravilhosa é o combustível perfeito para assistir a Beth Harmon enquanto ela aperfeiçoa seu uso do gambito da rainha.

RENDIMENTO: 1 bolo de 18 cm **PRÉ-PREPARO:** 20 minutos **COZIMENTO:** 45 minutos, mais o tempo para gelar

 VEGETARIANO

340 g de chocolate meio amargo picado grosseiramente

1 xícara de creme de leite fresco com alto teor de gordura

1 colher (chá) de sal

¾ de xícara de manteiga sem sal em temperatura ambiente

1 bolo tipo "quatro quartos" de aprox. 300 g sabor baunilha

1 bolo tipo "quatro quartos" de aprox. 300 g sabor chocolate

Açúcar impalpável e cacau em pó sem açúcar para decorar

▶▶ Para acelerar

Para criar os estênceis: Pegue um pedaço de cartolina fina e desenhe a silhueta de uma rainha de xadrez com aproximadamente 2,5 cm de altura. Use um estilete para riscar o formato e descarte a cartolina de dentro. Coloque o estêncil em uma parte do topo do bolo e peneire uma camada de açúcar de confeiteiro até preencher o desenho. Repita algumas vezes. Depois peneire cacau em pó sem açúcar por cima do estêncil.

1. **Para fazer a cobertura de ganache batido:** Coloque o chocolate meio amargo em uma tigela refratária. Aqueça o creme de leite em uma panela pequena em fogo médio-alto por 1 a 2 minutos até começar a fumegar. Despeje o creme sobre o chocolate na tigela e deixe descansar por 5 minutos, até que o chocolate comece a derreter. (Outra opção é aquecer o creme de leite no micro-ondas em uma tigela refratária por 45 segundos a 1 minuto, só até começar a fumegar. Coloque o chocolate na tigela, deixe por 5 minutos e siga com a receita.) Coloque o sal e mexa com um batedor de arame até ficar uniforme. Deixe o ganache descansar em temperatura ambiente por cerca de 40 minutos, mexendo de tempos em tempos, até atingir cerca de 25°C.

2. Transfira o ganache já mais frio para a tigela de uma batedeira com o batedor tipo folha acoplado. Bata em velocidade baixa, colocando 1 colher (sopa) da manteiga por vez e incorporando completamente antes de colocar outra. Depois de incorporar toda a manteiga, bata em velocidade média por aproximadamente 3 minutos, até a cobertura estar leve e aerada.

3. Apare o topo arredondado de cada bolo e corte cada um na metade, paralelamente à bancada, em duas camadas uniformes de aproximadamente 2,5 cm de altura.

4. **Para montar o bolo xadrez:** Coloque uma camada de bolo de baunilha numa tábua de corte e cubra o topo com ¼ de xícara do ganache batido. Cubra com uma camada de bolo de chocolate por cima do ganache e espalhe mais ¼ de xícara do ganache por cima, formando uma camada uniforme. Repita com as camadas restantes de bolo de baunilha e de chocolate. Leve à geladeira por 10 minutos, até firmar.

5. Com cuidado, corte o bolo empilhado no sentido do comprimento em três camadas uniformes, de 2,5 cm cada. Coloque uma das camadas com o lado do corte para cima em uma travessa ou um suporte para bolo. Espalhe ¼ de xícara do ganache batido por cima da camada de bolo. Coloque outra camada de bolo por cima, certificando-se que as tiras de bolo de chocolate estejam por cima das tiras de baunilha e vice-versa. Espalhe ¼ de xícara do ganache batido por cima. Repita o processo com a última camada de bolo, novamente alternando as tiras de bolo e cobrindo com mais ¼ de xícara de ganache. Apare uma fatia fina das pontas do bolo para os lados ficarem retos. Espalhe uma camada fina de ganache por cima e pelos lados do bolo. (Essa camada inicial serve para prender pedaços soltos de farelo de bolo.) Refrigere por cerca de 30 minutos, até o ganache ficar firme. Espalhe o restante do ganache batido por cima e pelas laterais do bolo.

BIRD BOX

Tortinhas de frutas silvestres

No filme pós-apocalíptico *Bird Box*, um pequeno grupo de sobreviventes se esconde de forças ocultas que estão devastando a raça humana. Só de olhar para as criaturas à espreita, a pessoa será morta. Para encontrar suprimentos, aqueles que ainda restam precisam vasculhar casas e lojas abandonadas com os olhos vendados.

Em uma dessas buscas por suprimento, Malorie encontra uma caixa de tortinhas de torradeira na cozinha de uma casa abandonada. Ela compartilha a guloseima com seu companheiro sobrevivente Tom e com duas crianças que são chamadas apenas de Garoto e Garota. Enquanto eles comem, as tortinhas velhas relembram os dois adultos de tempos mais felizes e também proporcionam um momento simples de doçura para as crianças.

RENDIMENTO: 8 tortinhas
PRÉ-PREPARO: 50 minutos, mais o tempo para gelar
COZIMENTO: 40 minutos

 VEGETARIANO

MASSA DA TORTA

2½ xícaras de farinha de trigo e mais um pouco para polvilhar

3½ colheres (chá) de açúcar cristal

1 colher (chá) de sal

1 xícara de manteiga sem sal gelada

½ xícara de água gelada

RECHEIO DE FRUTAS

5 morangos médios sem os topos e picados grosseiramente

⅔ de xícara de mirtilos (blueberries)

⅔ de xícara de framboesas

1 limão-siciliano

¼ de colher (chá) de sal

½ xícara de açúcar cristal

2 colheres (sopa) de amido de milho

1 ovo grande

1 colher (sopa) de água

COBERTURA

1 xícara de açúcar impalpável

1 a 2 colheres (sopa) de leite

¼ de colher (chá) de extrato de baunilha puro

1 pitada de sal

Corante alimentício roxo ou corantes vermelho, amarelo e verde

Granulado ou confeitos para decorar

1 **Para fazer a massa da torta:** Coloque a farinha, o açúcar e o sal no recipiente de um processador de alimentos e pulse para misturar bem. Corte a manteiga em pedaços de pouco mais de 1 cm e coloque no processador. Pulse até que a manteiga fique em pedaços do tamanho de ervilhas. Regue com ¼ de xícara da água e pulse até formar uma massa grosseira. (Se a massa estiver muito seca, coloque mais água, 1 colher [sopa] por vez.)

2 Transfira a massa para uma superfície levemente enfarinhada e sove algumas vezes até ficar macia. Divida a massa ao meio e use as mãos para amassar cada porção em um retângulo com aproximadamente 2,5 cm de espessura. Embrulhe em filme plástico e refrigere por cerca de 1 hora, até firmar.

3 **Para fazer o recheio de frutas:** Coloque os morangos, os mirtilos e as framboesas em uma panela pequena. Rale finamente a casca do limão e coloque as raspas na mesma panela. Corte o limão e esprema o suco de uma das metades dentro da panela (guarde a outra metade para outra receita). Polvilhe as frutas com sal.

4 Tampe a panela e cozinhe em fogo baixo por 5 a 7 minutos, até as frutas começarem a se desfazer. Enquanto isso, misture o açúcar e o amido de milho em uma tigela pequena. Quando as frutas estiverem macias, esmague--as grosseiramente com uma colher ou amassador de batata. Junte a mistura de açúcar com amido e continue cozinhando em fogo baixo por 2 a 3 minutos, mexendo sempre, até o açúcar se dissolver e o recheio engrossar. Tire do fogo e deixe esfriar completamente.

5 **Para montar as tortinhas:** Quebre o ovo em uma tigela pequena e bata com a água até misturar bem a gema com a clara. Forre uma assadeira rasa com papel-manteiga.

6 Em uma superfície levemente enfarinhada, abra um pedaço de massa até ficar com 3 mm de espessura e apare para formar um retângulo de 23 cm × 30 cm. Com o lado comprido virado para você, corte a massa em tiras de 7,5 cm de largura. Pincele as tiras com o ovo batido.

7 Coloque 1½ colher (sopa) do recheio na metade inferior de cada tira. Espalhe o recheio em um retângulo de 7,5 cm de largura, deixando uma borda de cerca de 1 cm. Dobre a metade superior da massa por cima do recheio e use os dedos para selar todos os lados da tortinha. Use os dentes de um garfo para marcar as bordas. Transfira as tortinhas com cuidado para a assadeira preparada, deixando 2,5 cm de distância entre cada uma, e repita o processo com o restante da massa e do recheio. (Pode ser que sobre um pouco da geleia.) Leve as tortinhas à geladeira por 10 a 15 minutos, até a massa firmar.

8 Preaqueça o forno a 180°C com uma grade na posição central. Pincele o topo das tortinhas com o resto do ovo batido. Leve ao forno por 25 a 30 minutos, até dourar. Deixe as tortinhas esfriarem na assadeira por 10 minutos, depois transfira para uma grade de resfriamento para terminar de esfriar.

9 **Para finalizar as tortinhas:** Coloque o açúcar impalpável em uma tigela média com 1 colher (sopa) de leite, a baunilha, o sal e bata com um batedor de arame até ficar liso e uniforme. Coloque o restante do leite, 1 colher (chá) por vez, até que a cobertura esteja espessa o bastante para cobrir o topo das tortinhas sem escorrer. Para tingir a cobertura de roxo, use corante alimentício roxo ou uma gota ou duas de corantes vermelho, amarelo e verde até atingir a cor desejada.

10 Distribua colheradas da cobertura por cima das tortinhas frias e decore com granulado ou confeitos se quiser.

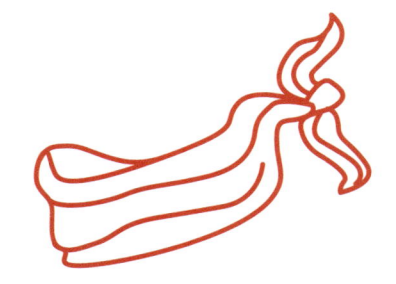

JUNIOR BAKING SHOW

Biscoitos coloridos

Em cada episódio de *Junior Baking Show*, os apresentadores Liam Charles e Ravneet Gill apoiam e instruem cuidadosamente os jovens confeiteiros em dois desafios. Trabalhando com restrições de tempo que fariam até o confeiteiro adulto mais experiente suar, os participantes jovens criam bolos macios, biscoitos criativos e muito mais.

No segundo episódio da sexta temporada, os confeiteiros precisam usar biscoitos decorados para criar uma cena de livro de contos fantásticos. Nossos biscoitos com confeitos coloridos e centros feitos de bala derretida poderiam funcionar muito bem nesse desafio; os biscoitos coloridos perfeitos para complementar qualquer cena de um livro de histórias.

RENDIMENTO: 24 biscoitos
PRÉ-PREPARO: 15 minutos
COZIMENTO:
1 hora e 15 minutos, mais
3 horas para gelar

 VEGETARIANO

1 xícara de manteiga sem sal

1⅓ xícara de balas duras, de preferência em 3 ou 4 cores diferentes

3 xícaras de farinha de trigo

¾ de colher (chá) de fermento químico

½ colher (chá) de sal

1 laranja média

1 limão-siciliano

1¼ xícara de açúcar cristal

4 gemas grandes

1 colher (chá) de extrato de baunilha puro

¾ de xícara de granulado colorido

1 Deixe a manteiga em temperatura ambiente por cerca de 40 minutos para amolecer. Coloque cada cor de bala em um saco plástico de 1 litro com fecho hermético e use um rolo de massa para esmagar as balas. Coloque a farinha, o fermento e o sal em uma tigela média e misture bem.

2 Rale a casca da laranja e do limão-siciliano finamente. Pegue uma tigela grande ou a tigela de uma batedeira com o batedor tipo folha acoplado e misture a manteiga, o açúcar e as raspas de laranja e limão. Bata em velocidade média por 3 a 4 minutos, até o creme ficar leve e aerado. Acrescente as gemas, uma por vez, misturando bem depois de cada acréscimo, e depois junte a baunilha.

3 Incorpore os ingredientes secos e o granulado em velocidade baixa só até misturar bem. Divida a massa em duas porções e abra cada uma com as mãos até obter um quadrado com 2,5 cm de espessura. Embrulhe em filme plástico e gele por 1 hora, até firmar.

4 Trabalhando com uma porção por vez, abra a massa entre dois pedaços de papel-manteiga até ficar com 3 mm de espessura. Coloque a massa de volta na geladeira por 20 a 30 minutos, até firmar. Repita com a segunda porção de massa.

5 Preaqueça o forno a 180°C com uma grade na posição central. Forre uma assadeira rasa com papel-manteiga. Use cortadores de biscoito de 8 cm para cortar a massa em formatos diversos. Coloque os biscoitos cortados na assadeira preparada e use um cortador de biscoito de 2,5 cm para remover o centro de cada um. Junte as aparas de biscoitos, amasse com as mãos para formar um quadrado, embrulhe em plástico e refrigere antes de abrir novamente.

6 Leve os biscoitos ao forno por 8 a 10 minutos, só até firmar. Polvilhe 1 colher (chá) das balas quebradas no centro de cada biscoito. Devolva ao forno e asse por mais 2 a 3 minutos, até que a bala tenha derretido e a borda dos biscoitos esteja levemente dourada. Retire os biscoitos do forno e deixe-os esfriar na assadeira por 10 minutos, depois transfira para uma grade de resfriamento para esfriar completamente. Repita o processo usando o restante da massa de biscoito e das balas.

JOGO DA LAVA
Petit gâteau especial

No *Jogo da lava*, três equipes saltam por um louco percurso de obstáculos tentando chegar à saída. O problema? O chão é lava (bem, na verdade, é só um líquido vermelho assustador que se parece muito com lava). Se você cair, está fora do jogo.

Enquanto assiste ao programa e torce para seu time favorito, delicie-se com uma lava muito mais deliciosa. Café, chocolate meio amargo e um pouquinho de licor de avelã dão a estes bolinhos quentes um sabor especialmente elegante. Você também pode usar licor de café ou de framboesa no lugar do licor de avelã, se quiser, ou então não usar bebida nenhuma.

RENDIMENTO: 4 bolinhos **PRÉ-PREPARO:** 25 minutos **COZIMENTO:** 10 minutos

 VEGETARIANO

½ xícara de manteiga sem sal e mais um pouco para untar

2 colheres (sopa) de cacau em pó sem açúcar, separadas, e mais um pouco para polvilhar

170 g de chocolate meio amargo bem picado

½ colher (chá) de café solúvel forte

1 colher (chá) de extrato de baunilha puro

1 colher (chá) de licor de avelã (opcional)

2 ovos grandes

2 gemas grandes

¼ de xícara de açúcar cristal

1 pitada de sal

Sorvete, açúcar de confeiteiro ou frutas silvestres para servir (opcional)

1 Preaqueça o forno a 230°C com uma grade na posição central. Unte levemente 4 ramequins com capacidade para 170 g, polvilhe por dentro com cacau em pó e dê batidinhas para derrubar o excesso. Coloque os ramequins preparados em uma assadeira.

2 Corte a manteiga em pedaços pequenos. Encha uma panela média até a metade com água e leve à fervura branda. Em uma tigela média de metal, misture o chocolate, a manteiga e o café solúvel. Encaixe a tigela em cima da água quente na panela (o fundo da tigela não deve encostar na água) e cozinhe por 7 a 10 minutos, mexendo de tempos em tempos, até que a manteiga e quase todo o chocolate tenham derretido. Tire a tigela do fogo, junte a baunilha e o licor, se for usar, e misture até ficar liso e uniforme. (Outra possibilidade é colocar o chocolate, a manteiga e o café solúvel em uma tigela refratária grande e aquecer no micro-ondas, com 50% da potência, 30 segundos por vez, até quase derreter o chocolate. Tire do micro-ondas e misture até o creme ficar liso e uniforme.)

3 Enquanto o chocolate derrete, misture os ovos, as gemas, o açúcar e o sal em uma tigela grande ou na tigela de uma batedeira com o batedor de arame acoplado. Bata em alta velocidade por cerca de 3 minutos, até a mistura encorpar e ficar pálida.

4 Polvilhe as 2 colheres (sopa) de cacau em pó por cima dos ovos batidos e acrescente o chocolate aquecido, ⅓ por vez, incorporando cuidadosamente até misturar. (Não misture demais!)

5 Distribua a massa de chocolate pelos ramequins. Leve ao forno por 8 a 10 minutos, até que os topos estejam firmes, mas o centro ainda esteja macio e balançante.

6 Retire do forno. Deixe descansar por 1 minuto e aí vire os ramequins com cuidado em cima de pratos. Conte até 10 e levante os ramequins com cuidado para desenformar os bolinhos. Sirva imediatamente com sorvete, polvilhando um pouco de açúcar de confeiteiro, frutas silvestres frescas ou os três, se quiser.

ESQUADRÃO DE CONFEITEIROS

Biscoitos picantes de chocolate

No episódio de *Esquadrão de confeiteiros* chamado "Fiesta doce e picante", a estrelada equipe de confeitaria da chef Christina Tosi – formada por Ashley Holt, Christophe Rull, Maya-Camille Broussard e Gonzo Jimenez – cria sobremesas de cair o queixo para o aniversário de 60 anos de Pedro, um pai que ama molho de pimenta.

Nós nos inspiramos no amor de Pedro por coisas doces e picantes e também nas sobremesas aclamadas de *Esquadrão de confeiteiros* para criar estes biscoitos de chocolate triplo repletos de sabor. Nossos biscoitos ganham um toque especial com pimenta chipotle em pó, pimenta caiena e gengibre em pó.

RENDIMENTO: 20 biscoitos
PRÉ-PREPARO: 25 minutos, mais o tempo para amolecer e para gelar
COZIMENTO: 30 minutos

 **VEGETARIANO**

5 colheres (sopa) de manteiga sem sal

½ xícara de coco em flocos não adoçado

½ xícara de nozes-pecã

1 xícara de farinha de trigo

¼ de xícara de cacau em pó sem açúcar, de processo holandês

1 colher (chá) de fermento químico

¾ de colher (chá) de canela em pó

½ colher (chá) de pimenta chipotle em pó

¼ de colher (chá) de gengibre em pó

¼ de colher (chá) de pimenta caiena

⅛ de colher (chá) de cardamomo em pó

½ colher (chá) de sal

230 g de chocolate meio amargo bem picado

½ colher (chá) de café solúvel forte

¾ de xícara de açúcar mascavo claro

¼ de xícara de açúcar cristal

1½ colher (chá) de extrato de baunilha puro

2 ovos grandes

½ xícara de gotas de chocolate branco

½ xícara de gotas de chocolate meio amargo

1 Preaqueça o forno a 160°C e coloque as grades nas posições no centro e no terço superior. Deixe a manteiga em temperatura ambiente por cerca de 40 minutos para amolecer. Espalhe o coco em uma camada uniforme na metade de uma assadeira rasa, depois coloque as nozes-pecã na outra metade. Leve a assadeira ao forno na grade central por 5 a 7 minutos, até dourar levemente e ficar aromático. Tire do forno e deixe esfriar. Pique as nozes-pecã grosseiramente.

2 Em uma tigela média, misture bem a farinha, o cacau em pó, o fermento, a canela, as pimentas em pó, o gengibre, o cardamomo e o sal.

3 Coloque o chocolate meio amargo em uma tigela refratária e aqueça no micro-ondas com 50% da potência, 30 segundos por vez, até derreter. Polvilhe o café solúvel por cima do chocolate e misture até que o café tenha se dissolvido e o chocolate esteja liso. Deixe esfriar até atingir a temperatura ambiente.

4 Corte a manteiga amolecida em pedaços menores e coloque em uma tigela grande. Use uma batedeira portátil e bata a manteiga em velocidade média por cerca de 1 minuto, até ficar leve e aerado. Junte o açúcar mascavo e o cristal e bata em velocidade média por aproximadamente 1 minuto, só até incorporar. (A mistura pode parecer um pouco granulosa, mas não é um problema.) Acrescente a baunilha. Quebre os ovos na mesma tigela, um por vez, batendo em velocidade baixa, só até incorporar cada um.

>>a receita continua na próxima página

>>Biscoitos picantes de chocolate (continuação)

5 Continue batendo em velocidade baixa enquanto acrescenta o chocolate derretido em um fluxo contínuo. Use uma espátula de silicone para misturar a massa só até ficar uniforme. Polvilhe os ingredientes secos sobre os líquidos e misture só até incorporar. Junte o coco tostado, as nozes-pecã e as gotas de chocolate branco e meio amargo. Cubra a tigela com filme plástico e leve à geladeira por cerca de 30 minutos, até firmar de leve. Aumente a temperatura do forno para 180°C.

6 Forre duas assadeiras rasas com papel-manteiga. Com porções de 2 colheres (sopa) de massa, modele bolinhas e coloque nas assadeiras, deixando 5 cm entre cada uma.

7 Leve ao forno nas grades central e superior por 8 a 10 minutos, até os biscoitos ganharem forma, mas com os centros ainda bem macios, girando as assadeiras do fundo para a frente e também trocando de uma grade para a outra na metade do tempo.

8 Tire os biscoitos do forno. Deixe esfriar nas assadeiras por 10 minutos, depois transfira com cuidado o papel-manteiga com os biscoitos para uma grade de resfriamento. Deixe esfriar por 10 a 15 minutos, até chegar à temperatura ambiente.

9 Depois de frios, os biscoitos podem ser armazenados em recipiente hermético em temperatura ambiente por até 3 dias.

SEX **EDUCATION**

Um bolo para Aimee

Durante a terceira temporada de *Sex Education*, Aimee, muito interessada por confeitaria, prepara um bolo de aniversário de coelho cor-de-rosa para Maeve. Se Maeve fosse fazer um bolo para Aimee, achamos que poderia ser um bolo como este, doce e caprichado. Na nossa receita, este bolo macio feito com buttermilk é recheado com geleia quente de damasco e coberto com glacê colorido e uma alegre camada de confeitos.

RENDIMENTO: 1 bolo tipo Bundt **PRÉ-PREPARO:** 15 minutos
COZIMENTO: 1 hora e 10 minutos

 VEGETARIANO

Spray culinário desmoldante para untar

1 xícara de manteiga sem sal

4 ovos grandes

1 xícara de buttermilk (leitelho)

3 xícaras de farinha de trigo

2½ colheres (chá) de fermento químico

2 colheres (chá) de noz-moscada ralada na hora

1 colher (chá) de sal mais uma pitada, separadas

½ colher (chá) de bicarbonato de sódio

1¼ xícara de açúcar cristal

1¾ colher (chá) de extrato de baunilha puro

1½ xícara de geleia de damasco

1½ xícara de açúcar impalpável

1 a 2 colheres (sopa) de leite integral

Corante alimentício laranja ou amarelo

Granulado ou confeitos para decorar

1 Unte uma fôrma de bolo tipo Bundt de 12 xícaras com spray culinário desmoldante. Deixe a manteiga, os ovos e o buttermilk em temperatura ambiente por cerca de 40 minutos. Preaqueça o forno a 180°C com uma grade na posição central. Em uma tigela média, coloque a farinha, o fermento, a noz-moscada, 1 colher (chá) do sal e o bicarbonato e misture com um batedor de arame até ficar uniforme.

2 Em uma tigela grande ou na tigela da batedeira com o batedor tipo folha acoplado, bata a manteiga e o açúcar em velocidade média por 3 a 4 minutos, até ficar leve e aerado. Junte os ovos, um por vez, batendo bem após cada acréscimo. Incorpore 1½ colher (chá) da baunilha. Batendo em velocidade baixa, alterne entre colocar os ingredientes secos e o buttermilk, começando e terminando com os secos. Bata só até ficar homogêneo.

3 Despeje toda a massa na fôrma Bundt preparada e nivele a superfície com uma espátula. Leve ao forno por cerca de 1 hora, até que o bolo esteja levemente elástico ao toque e um palito inserido no centro saia limpo. Coloque o bolo sobre uma grade de resfriamento e deixe esfriar por 15 minutos.

4 Enquanto isso, coloque a geleia em um copo de medir que possa ser levado ao micro-ondas. Aqueça em potência alta, 15 segundos por vez, até que a geleia esteja aquecida e um pouco mais líquida, a ponto de poder ser despejada em outro recipiente.

5 Depois que o bolo amornar, use o cabo de uma colher de pau para fazer cavidades de 5 cm de profundidade ao redor do centro do bolo, deixando um pouco mais de 1 cm de distância entre elas. Limpe o cabo da colher após fazer cada furo. Distribua a geleia pelos furos e deixe o bolo esfriar completamente por 1 hora.

6 Desenforme o bolo com cuidado em cima de uma travessa ou suporte para bolo. Peneire o açúcar impalpável em uma tigela e acrescente 1 colher (sopa) do leite, a ¼ de colher (chá) restante de baunilha e 1 pitada de sal. Misture o glacê com um batedor de arame até ficar liso, colocando mais 1 colher (sopa) de leite se parecer espesso demais. Pingue o corante, uma gota por vez, até atingir a cor desejada. Despeje colheradas do glacê por cima do bolo e decore com o granulado ou com confeitos.

Mandou Bem

Bolo "Mandou bem"

Será que, para um confeiteiro amador, é realmente difícil recriar os doces incríveis e invejáveis – e que desafiam a gravidade – que vemos na internet e em nossos programas culinários favoritos? Sim, é bastante difícil. No programa *Mandou bem!*, toda semana os anfitriões, o chef Jacques Torres e a comediante Nicole Byer, orientam e incentivam três participantes esperançosos que tentam recriar obras de confeitaria complexas em tempo real.

O que aprendemos em *Mandou bem!* é que não basta as sobremesas serem bonitas de ver; elas também precisam ser saborosas. E como o tempo é sempre curto em competições, é necessário ser rápido no preparo dos bolos e da cobertura para que sobrem alguns minutos para trabalhar na decoração. Nossas criações inspiradas nesse programa começam com um bolo de baunilha rápido que não precisa de batedeira e um clássico creme de manteiga de baunilha aerado.

Na hora de decorar, você poderá usar o creme de manteiga e sua imaginação! Fizemos o nosso bolo com o logo da Netflix para comemorar este livro de receitas, mas você pode fazer animais de pasta americana, ser criativo com corantes ou fazer criações ousadas de caramelo inspiradas em seus programas favoritos. Também incluímos na página 175 uma receita bônus feita com flocos de arroz crocantes, perfeita para cortar ou moldar.

RENDIMENTO: 1 bolo de 23 cm com 3 camadas
PRÉ-PREPARO: 45 minutos, mais o tempo para amolecer
COZIMENTO: 30 minutos, mais o tempo para esfriar

 VEGETARIANO

CAMADAS DE BOLO

1 xícara mais 2 colheres (sopa) de manteiga sem sal

6 ovos grandes

1½ xícara de leite integral

Spray culinário desmoldante para untar

4½ xícaras de farinha de trigo para bolo

⅔ de xícara de açúcar cristal

2¼ colheres (chá) de fermento químico

1 colher (chá) de sal

½ colher (chá) de extrato de baunilha puro

CREME DE MANTEIGA COM BAUNILHA

1½ xícara de manteiga sem sal

4 xícaras de açúcar impalpável

¼ de colher (chá) de sal

4 a 5 colheres (sopa) de creme de leite fresco com alto teor de gordura

2 colheres (chá) de extrato de baunilha puro

>>a receita continua na próxima página

>>Bolo "Mandou bem" (continuação)

1 **Para fazer os bolos:** Aqueça a manteiga em uma panela média em fogo médio por cerca de 5 minutos, até derreter. Tire do fogo e espere esfriar completamente. Deixe os ovos e o leite em temperatura ambiente por cerca de 40 minutos.

2 Preaqueça o forno a 180°C com uma grade na posição central. Unte 3 assadeiras redondas de 23 cm com spray desmoldante e forre o fundo de cada uma com um disco de papel-manteiga. Em uma tigela grande, misture bem a farinha, o açúcar, o fermento e o sal.

3 Quebre os ovos em uma tigela média e bata com um batedor de arame até misturar bem as claras e as gemas. Junte a manteiga derretida, o leite e o extrato de baunilha e bata bem. Despeje os ingredientes molhados sobre os secos e misture com uma espátula de silicone só até incorporar. (Não há problema se ficarem alguns grumos.)

4 Divida a massa do bolo entre as assadeiras e nivele os topos com uma espátula. Leve ao forno por 25 a 30 minutos, até que os bolos estejam levemente elásticos ao toque.

5 Tire os bolos do forno e deixe esfriar por 10 minutos. Depois, desenforme sobre uma grade de resfriamento e retire o papel--manteiga. Vire os bolos novamente para que o topo arredondado fique para cima. Espere esfriar completamente antes de decorar.

6 **Para fazer o creme de manteiga com baunilha:** Deixe a manteiga em temperatura ambiente por cerca de 40 minutos. Peneire o açúcar impalpável para tirar quaisquer grumos.

7 Corte a manteiga amolecida em pedaços de mais ou menos 1 cm. Em uma tigela grande ou na tigela da batedeira com o batedor tipo folha acoplado, misture a manteiga, o açúcar impalpável e o sal. Bata em velocidade média por cerca de 5 minutos, até o creme ficar leve e aerado. Junte 3 colheres (sopa) do creme de leite e a baunilha e bata por mais 1 a 2 minutos, até misturar bem e continuar aerado. Se o creme estiver muito espesso, coloque mais creme de leite, 1 colher (sopa) por vez.

8 Use uma faca serrilhada para aparar o topo arredondado de cada bolo. Coloque uma camada de bolo com o lado cortado para cima em um suporte ou travessa para bolo. Espalhe ⅔ de xícara do creme de manteiga por cima em uma camada uniforme. Repita com a segunda e a terceira camada de bolo, espalhando ⅔ xícara do creme de manteiga entre cada camada. Cubra o topo e as laterais do bolo com uma camada fina de creme de manteiga e leve à geladeira por aproximadamente 30 minutos, até que a cobertura esteja firme.

9 Decore o bolo com o restante do creme de manteiga como desejar, para deixar orgulhosos os jurados Jacques Torres e Nicole Byer. Revele seu bolo finalizado com um floreio, gritando "Mandei bem!".

Camada de cereal de arroz crocante

No episódio "Ilha da fantasia" do programa *Mandou bem!*, os participantes fazem torres de princesa com camadas de bolo e usam uma mistura de cereal de arroz para fazer as rochas e a torre. Inspirados por esses feitos incríveis de decoração, decidimos trazer uma receita extra para vocês. Se quiser colocar um grande logo vermelho da Netflix, uma redoma arredondada, um chifre de unicórnio ou qualquer outro elemento escultural no seu bolo inspirado em *Mandou bem!*, estas formas de cereal de arroz cobertas com creme de manteiga ou pasta americana ajudarão suas criações a atingir novos patamares.

RECEITA BÔNUS!

CAMADA DE CEREAL DE
ARROZ PARA MOLDAR

½ xícara de chocolate branco em gotas para derreter

230 g de marshmallows (cerca de 30 unidades)

4 a 6 xícaras de cereal de arroz crocante ou flocos de arroz (cereal de arroz sabor chocolate também funciona)

¾ de colher (chá) de sal

Spray culinário desmoldante ou gordura vegetal para untar

Pasta americana, chocolate modelável ou creme de manteiga para decorar

1 Coloque as gotas de chocolate branco em uma tigela refratária média e aqueça no micro-ondas com 50% de potência, 15 segundos por vez, até derreter quase tudo. Mexa até ficar homogêneo.

2 Coloque os marshmallows em outra tigela refratária grande e aqueça no micro-ondas em potência alta, 10 segundos por vez, até derreter quase tudo. Tire do micro-ondas e misture até ficar homogêneo. Acrescente imediatamente 4 xícaras do cereal crocante de arroz e misture até recobrir todos os flocos com o marshmallow. Despeje por cima todo o chocolate branco derretido, junte o sal e misture até ficar uniforme.

3 O cereal deve ficar uniformemente coberto com a mistura de marshmallow e chocolate branco, mas não deve ficar muito líquido ou com textura desagradável. Se for necessário coloque mais cereal de arroz, ½ xícara por vez, até obter a consistência desejada.

4 **Para moldar em formatos diferentes:** Deixe a mistura descansar em temperatura ambiente por 5 minutos. Borrife as mãos com spray culinário desmoldante ou unte com gordura vegetal e modele a mistura de cereal no formato desejado. (Aperte a mistura ao longo do processo, pois uma estrutura bem compacta terá menos chance de se quebrar.) Refrigere por cerca de 15 minutos, até firmar, e depois decore com pasta americana, chocolate modelável ou creme de manteiga.

5 **Para cortar em formatos diferentes:** Unte uma assadeira de aproximadamente 23 cm × 33 cm com spray desmoldante e forre a base e as laterais com filme plástico, deixando uma sobra de 5 cm de filme plástico nas laterais. Unte novamente com spray desmoldante. Despeje a mistura de cereal na assadeira e pressione com as mãos levemente untadas até formar uma camada firme e uniforme. Leve à geladeira por aproximadamente 45 minutos, até firmar.

6 Use as sobras laterais de filme plástico para levantar a camada de cereal da assadeira e vire sobre uma tábua de corte. Tire o filme plástico e corte nas formas desejadas. Decore com pasta americana, chocolate modelável ou creme de manteiga para decorar.

175

Índice de programas

NETFLIX

Copyright © Netflix, 2023
Título original: The Official Netflix Cookbook
Todos os direitos reservados. Publicado
conforme acordo com a Insight Editions, LP,
800 A Street, San Rafael, CA, USA,
www.insighteditions.com

Fotos: Beryl Striewski
Teste de receitas: Rob Stella
Ilustrações: Adam Raiti

Este livro é o resultado de um trabalho feito com muito amor, diversão e gente finice pelas seguintes pessoas:
Gustavo Guertler (*publisher*), Luís Henrique Fonseca (tradução), Tatiana Vieira Allegro (edição), Bia Nunes de Sousa (preparação), Vivian Matsushita (revisão) e Celso Orladin Jr. (adaptação da capa e de projeto gráfico e diagramação).
Obrigada, amigos.

2023
Todos os direitos desta edição reservados à
Editora Belas Letras Ltda.
Rua Visconde de Mauá, 473/301
Bairro São Pelegrino
CEP 95010-070 – Caxias do Sul – RS
www.belasletras.com.br

Dados Internacionais de Catalogação na Fonte (CIP)
Biblioteca Pública Municipal Dr. Demetrio Niederauer
Caxias do Sul, RS

P148L   Painter, Anna
         O livro de receitas oficial da Netflix:
      70 receitas de suas séries e filmes
      favoritos / Anna Painter, tradução de Luís
      Henrique Fonseca. - Caxias do Sul, RS:
      Belas Letras, 2023.
        176 p. il.

      ISBN: 978-65-5537-283-0
      ISBN: 978-65-5537-284-7
      Tradução de: The Official Netflix Cookbook

      1. Receitas culinárias. 2. Livro de receitas.
      3. Filmes e seriados – Gastronomia.
      I. Título. II. Fonseca, Luís Henrique.

23/41   CDU 641.55

Catalogação elaborada por Rose Elga Beber,
CRB-10/1369